容は
えられる

年間8000人以上を治療する
美容のプロフェッショナル

今泉スキンクリニック院長
今泉 明子

エパブリック

はじめに

魅力的な印象を与える「キラーパーツ」がない人はいない

はじめまして。私は東京・六本木にある「今泉スキンクリニック」の院長をしております今泉明子と申します。

これまで肌トラブルやアンチエイジングなど、クリニックを訪れたたくさんの方々の悩みをお聞きし、年間８０００人以上の治療を行う美容のプロフェッショナルです。

この世界に携《たずさ》わって20年以上になりますが、もともと私が皮膚科医を目指したきっかけは、アトピー性皮膚炎に苦しんだ自らの経験からでした。肌や顔のことで人々が抱えている悩みを最新医療でなんとか解決したい。そんな強い思いが根底にあります。

人の顔は、一人ひとりみな違います。これまでたくさんの方々のお顔と向き合ってきて感じるのは、「その人だけにしかない美しさがある」という確信です。私はそれを「キラーパーツ」と呼んでいます。

「私にはそんなパーツなんてありません」とおっしゃる方もいますが、魅力的な印象を人に与えるキラーパーツを持っていない人はひとりもいません。

むしろ本人が嫌いなパーツほど、私から見ればほかのだれも持ち合わせていない素晴らしいキラーパーツなのです。

その方の顔立ちをもっとも魅力的にする黄金バランスを見極めながら、より自然で美しい仕上がりを実現する「今泉式®ヒアルロン酸注射」も考案しています。

これは私が日本で初めて提案した美容治療で、国内外の各学会やセミナーで高い評価を得ています。

正しいエイジングケアによる「美容貯金」で肌は10歳若返る

じつは、「肌」と「こころ」を正しくエイジングケアすれば、「10年前の肌を取り戻せる」ということをご存じでしょうか。決して誇張しているのでも、ウソをいっているのでもありません。私はそれを「美容貯金」と呼んでいます。だれでも美しさを貯金することができるのです。

エイジングというと、「アンチ」エイジングのほうが有名ですが、抗《あらが》うのではなく、「エイジングを楽しむ」のです。ワインは年を重ねると熟成して味がまろやかになります。コーヒーをエイジングすると、コクと透明感が増して、甘く芳醇《ほうじゅん》な味わいになります。

人間もこれとまったく同じです。自分の成熟（エイジング）していく変化を日々、楽しみながら、年をとる自分を受け入れていくのです。老化を止めることはできませんが、美しさを貯金することは可能で、正しくエイジングすることが大切なのです。

「正しいエイジングケアの知識」と「美容クリニックとの上手なつき合い方」を身につければ、確実に10年前の顔に戻れます。間違ったケアを毎日続けていけば、肌の老化を加速させます。なぜならあなたの肌は、あなたが思う以上に、正直で、記憶力がよく、賢い臓器だからです。

世の中には間違った美容情報があふれています。若い人向けのスキンケア法を同じようにやると私たち大人の肌には逆効果なのに、知らずにやり続けている人もたくさんいらっしゃいます。

本書では、40代以降の毎日の正しいエイジングケア法をお伝えします。美容のプロである私自身がやっている方法ですから、間違いありません。

そして、もうひとつ大切なことは、こころの持ち方です。

顔には、映し鏡のようにあなたの生き方が表れます。不平不満をいってばかりの人は愚痴《ぐち》っぽい顔に、前向きで明るく生きている人は明るく輝く顔に。あなたが歩んできた生き方が肌に表れ、エイジングに個性が出てくるのです。

私は顔相学も学んでいるので、クリニックに入ってきた方のお顔をパッと見ただけで、これまでどのように生きてこられたか、だいたいの想像がつきます。顔に生き方がそのまま表れるからです。

本書では、今の肌を10歳若返らせるヒントをお伝えしていきます。美容＝健康状態であり、美容＝人生です。今よりもっともっとあなたは美しくエイジングできます。

みなさんが自分の肌との正しいつき合い方を学び、自分の顔が好きになり、毎日、鏡を見るのが楽しくなって、人生をイキイキ輝かせてくれたらとても嬉しく思います。

今泉スキンクリニック院長　今泉明子

美容は貯えられる　目次

Part4 美容クリニックとの上手なつき合い方

Part5

10歳若返るための生活習慣

Part6
40歳になったら始める美容貯金

Part 1

シワとの正しいつき合い方

スキンケア・リテラシー診断

正しいと思うものに○、間違っていると思うものに×をつけてください。

1 朝、皮脂汚れを落とすために洗顔料でしっかり顔を洗っている（　）
↓18ページ

2 自分の顔を鏡であまり見ない（　）
↓24ページ

3 シワは一度できたらもとには戻らない（　）
↓30ページ

4 夏以外、日焼け止めは塗らない（　）
↓46ページ

5 出かけない日は、お肌に負担がないようにすっぴんで過ごしている（　）
↓59ページ

6 化粧水は、使用方法を確認して適量を使う（　）
↓63ページ

7 「クレンジング不要」の化粧品は、用法どおりダブル洗顔しない（　）
↓72ページ

8 夜は、朝と同じ基礎化粧品でお手入れをしている（　）
↓84ページ

9 摩擦の原因になるので皮膚の薄い目もとにアイクリームは使わない（　）
↓90ページ

10 肌トラブルがなければ、わざわざ美容クリニックに行かない（　）
↓98ページ

11 運動をして汗をかくのは肌にあまりよくない（　）
↓118ページ

12 夜ちゃんと眠れないが、昼寝をしているから問題ない（　）
↓124ページ

ここにあげた12の項目は、すべて×です。○の数が多ければ多いほど、美容貯金を取り崩していることになります。

お金は使えば減っていきますが、身につけた知識はだれも奪うことはできません。美しくなるために必要なのは、正しいエイジングケアについての知識です。

この正しい知識こそが美容貯金そのものです。

これから私と一緒に学んでいきましょう。

1
朝は、顔を洗ってはいけません

朝、皮脂汚れを落とすために洗顔料でしっかり顔を洗っている。↓×

朝は、顔を洗ってはいけません。朝、皮脂汚れを落とすために洗顔石けんなどでしっかり顔を洗っている人は、スキンケアに熱心に見えますが、残念ながらエイジングを早め、シワの原因を作っています。

朝からしっかり洗顔石けんで顔を洗うのは、皮脂の分泌が盛んな若い人向けのスキンケア法です。40代以降の人には間違った方法ですから、ぜったいにやって

肌の皮脂量は30歳前後をピークに激減

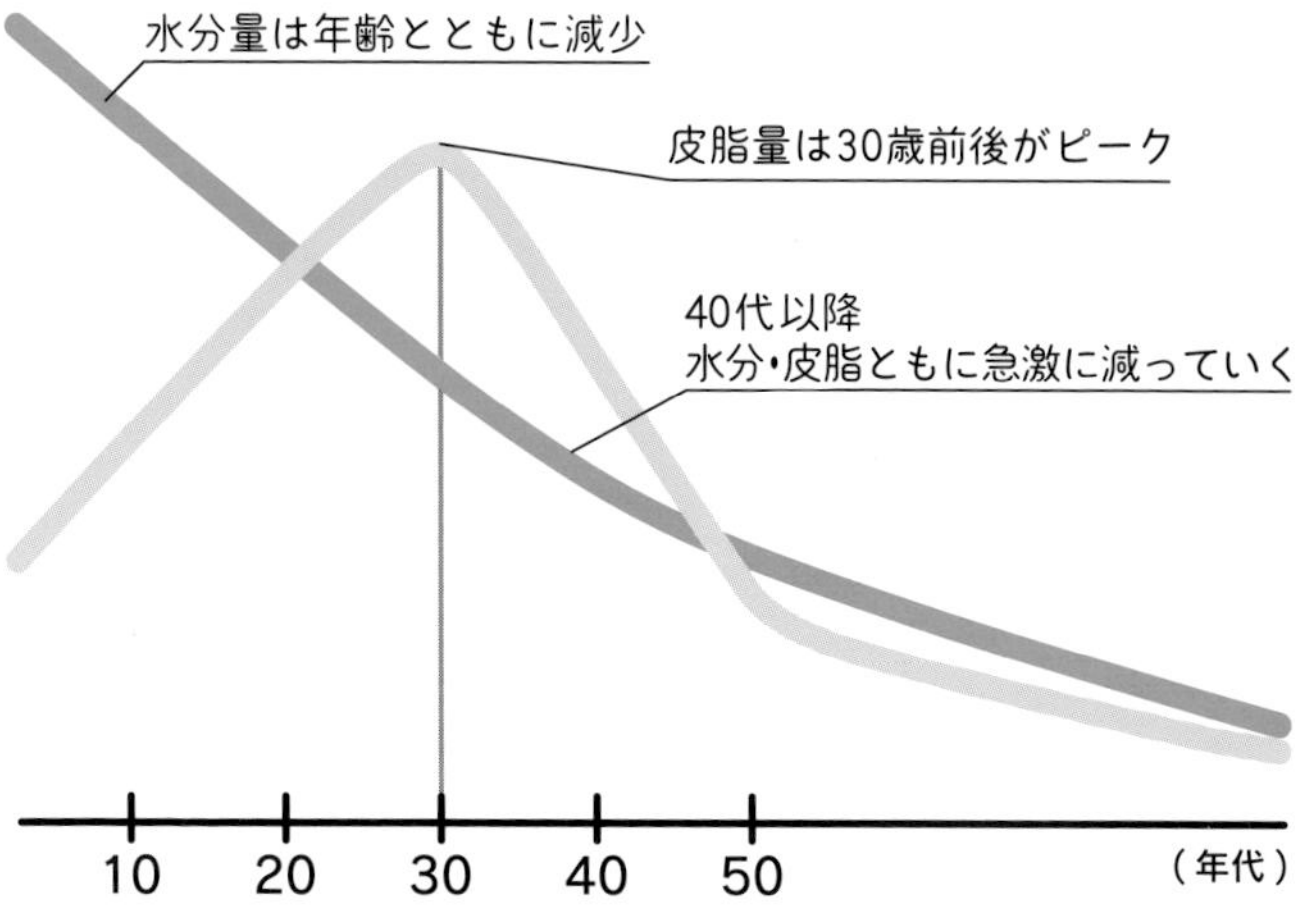

はいけません。

若いときであれば、皮脂の分泌が多すぎることから、ニキビや吹き出物、化粧崩れの原因になります。しかし、上のグラフにあるように、肌の皮脂量は30歳前後をピークに減少していきます。40代以降の方が朝、洗顔料で顔を洗うと皮脂を取りすぎることになり、肌の乾燥を招きます。

私たちのからだには、自然治癒力がそなわっています。お肌にも「天然保湿因子」という天然の潤い成分があり、ナチュラル・モイスチャライジング・

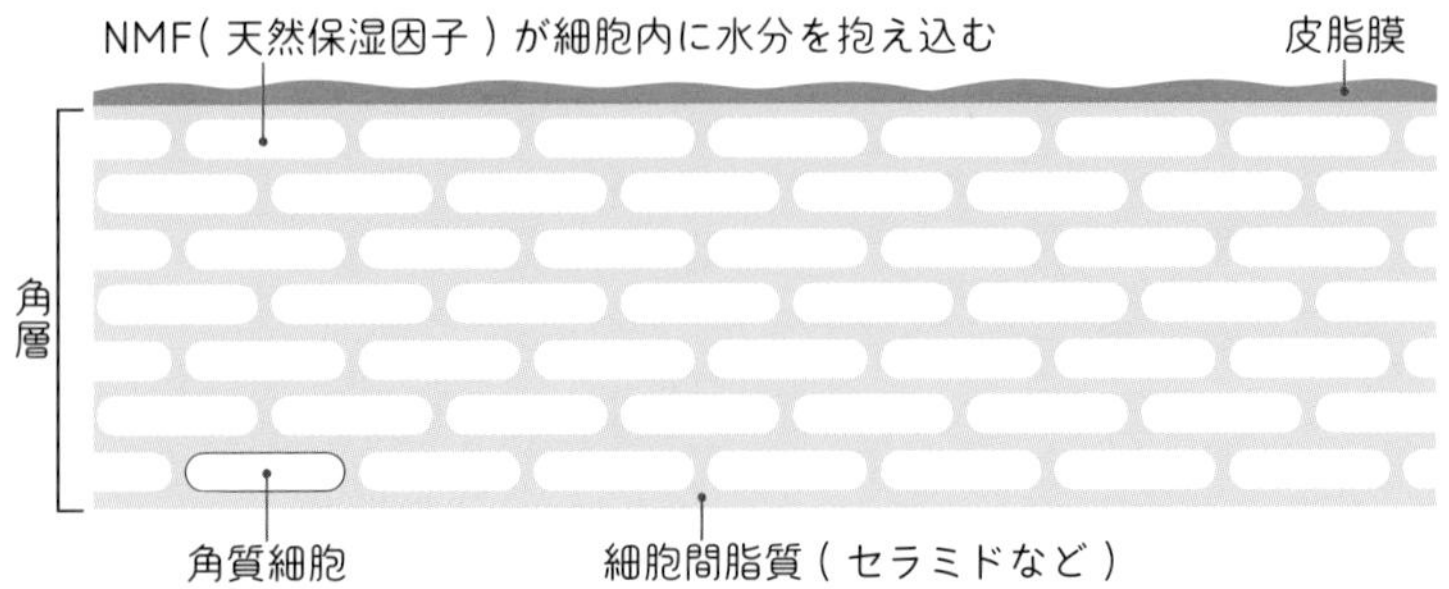

ファクター（NMF）と呼ばれています。天然保湿因子は、水分を角質層に抱え込み、肌をしっとりと保湿し、外からの刺激によるダメージから肌を守ってくれているのです。ほかにも、細胞どうしを支える大切な役割もあります。これが「お肌のハリ」につながります。肌は本当に賢いですね。

しかし、25〜30歳を過ぎると天然保湿因子は減少していくこともわかっています。肌は年齢とともに乾燥が進み、硬くなり、それが小ジワの原因となります。

また、上のイラストにもあるように、角層の表面にある「皮脂膜」がベールとなって、水分を内部にとどめて蒸散を防ぎ、ホコリや紫外線、花粉、ウイルスなどから肌を守ります。

朝の洗顔でゴシゴシ擦《こす》って、洗顔料で大切な役割を持つ天然保湿因子を洗い落としてしまったら、もったいないと思いませんか？
かかとが冬になるとガサガサになる理由は、まさにこの洗顔料と同じようなしくみです。かかとには皮脂腺がないため、汗をかいても皮脂は出ません。そのため水分を閉じ込めておくことができず、どんどん水分が蒸発して乾燥が進み、硬くなってガサガサになってしまうのです。

朝はぬるま湯だけで表面の汚れをパシャパシャと洗い、すぐにタオルで押さえるように水分を拭き取り、すぐに保湿。とにかく「すぐ」がポイントです。なぜなら肌表面についた水分をそのままにしておくと、蒸発するときに肌の内部にある潤い成分も一緒に蒸発してしまうからです。顔を洗ったら、5分から10分以内に保湿をします。

では、なにが肌を老化させ、シワを作る原因になるのでしょうか。その3大原因をお伝えします。

シワを作る３大原因

加齢

乾燥

紫外線

年をとるのを止めることはだれにもできませんが、乾燥と紫外線の対策をしっかり行うことで、確実に美容貯金をすることができます。

最後に40代以降の朝の正しい洗顔法をまとめます。このポイントを守って毎朝つづけてみてください。２週間もすると、「あれ？　お肌の調子がいいかも」という変化に気づくはずです。

朝の洗顔のポイント

- 朝は洗顔料で顔を洗わない
- 朝はぬるま湯だけでパシャパシャする
- 温度は35度くらいで、体温程度のお湯
- ゴシゴシ擦らない
- タオルで押さえるように水分を拭き取る
- 顔を洗ったら5分から10分以内に保湿する

2

鏡で顔を見るたび人は美しくなる

自分の顔を鏡であまり見ない　↓　×

自分の顔を鏡で一日何回、見ていますか？

鏡は自分の顔がすぐ見られる場所にありますか？

これまで私がお会いして、パッと見た第一印象、「あ、美しい人だな」という方たちに共通していることがありました。

それは、自分の顔を鏡でよく見ている。

これは真実です。よく見ているのは、回数だけではありません。ちょっとした変化など、自分のことを深く観察していることです。

朝の正しい洗顔をつづけると、２週間ほどで肌の調子がよくなっていくことに気づきますが、気づかない人もなかにはいます。

小さな変化にちゃんと気づける人が、年を重ねてさらに美しくなっていく人です。もしもシワが浅くなっていたら、「私、肌が若返っているわ」と鏡の中の自分に向かって、ぜひ声をかけてください。思いを口に出して言語化することで、現実が変わっていきます。すると行動も変わっていきます。

あなたの生き方が肌に表れるのですが、鏡の中の自分と向き合い、自分の変化を楽しむことができる人は、自己肯定感が高い人です。自己肯定感とは、「ありのままの自分を肯定する」「今の自分を好意的に受け止めることができる感覚」です。だれかと比べるのではなく、目の前の自分を認め、尊重し、自分自身に価値を感じられることです。

では、鏡を見て、もしも吹き出物が出ていたり、小ジワが出ていたりしたら、あなたはどう思いますか？

「あら、吹き出物だわ」と落ち込んで、鏡を見るのがいやになりますか？

「これは寝不足のサインだわ。今日は早く寝よう」と思いますか？

年を重ねてさらに美しくなっていく人は、どちらでしょうか。

前者のように落ち込んでもいいんです。落ち込む自分に自己嫌悪を感じる必要はありません。

そのあとに、今の現実を前向きに受け止めて、なにかしらの対策を講じられる人は、自己肯定感が高い人です。

気づいたときに、そのまま放置するか、なにかしらの対策をとるかは、シワを深めるか美容貯金をするかの大きな分かれ道です。

「年だからしょうがない」「めんどうくさい」「シワ改善のクリームをそのうち買いに行こう」と放置していると、時間がどんどん過ぎ、肌の小さな問題はどんどん大きな問題へと発展していきます。

「あのとき、あれをやっておけばよかった」

こんなふうに、後悔することがしょっちゅうあるタイプの人は、間違いなくシワを深めます。洗顔後に「すぐ」水を拭き取り、「すぐ」保湿するのが大切なように、エイジングケアには「すぐ」が非常に重要なのです。

自己決定できる人は若返る

人生は、つねに選択の連続です。レストランでなにを食べようか、今日はどんな服を着て出かけようか、何時に寝ようか、つねに選択の連続です。迷って悩んで、なかなか決められない人は、小さな問題を大きな問題に発展させがちです。雨が降っているのに、傘を持たずに出かける人がいないように、小ジワを見つけたらすぐにリンクルケア用のクリームを塗るのが正しい選択です。

こんなふうに、なにかを選択するときに関わってくるのが「自己決定」です。

みなさんは普段から「自分で決める」ことを意識して行っていますか?

私たちの行動を決定しているのは自分自身ですが、自分らしく生きることとは、自分で考え、自分で判断し、自分の意思で選んで、自分で決めること。他人が決めたことより、自分自身で決めたことは、目的を達成する可能性は高くなります。

成果が出たら、そのことを誇りに思い、達成感と自尊心によって、幸福感も高まります。自分と向き合い、目の前の課題や思いを明確にするうえで、鏡は行動を決定する後押しをしてくれる素晴らしい道具です。鏡を見るときは、もうひとりの自分を俯瞰《ふかん》して見るように、冷静な気持ちで自分を見ることができます。

朝、鏡の中の自分に向かって、なにか言葉をかけていますか。

かけた言葉は自分に返ってきます。なりたい自分になるために肯定的な宣言を口に出して行うことをアファメーションといいます。積極的に自分を肯定することで、自然にポジティブな思考が多くなり、ネガティブ思考を頭の中から追い出すことができます。

アファメーションのときは、「私は～～～だから、嬉しい」と一人称と現在形でいいます。そこに感情をプラスするとさらに効果が高まります。ただし、「シワがない顔になって嬉しいです」という言葉だと、「シワ」を引き寄せてしまいます。

「私は、毎日ちゃんとお肌を大切にケアしている自分がとても誇らしい」

「私の肌はぷるぷるしっとりとしているから、本当に嬉しい。幸せだ」

こんなふうに鏡の中の自分に向かって、声に出していってみましょう。美容貯金がどんどんたまっていきます。

鏡を見るときのポイントまとめ

- 鏡で自分の健康状態・こころの状態をチェックする
- 美容貯金をする気持ちで、こまめに鏡で自分の顔を見る
- 鏡に映った自分を好きになる
- 鏡に映ったありのままの自分を肯定する
- 鏡は行動を決定する後押しをしてくれる道具。困ったときは鏡の中の自分と相談する

3

シワはできても、もとに戻すことができます

シワは一度できたらもとには戻らない　↓　×

「シワは一度できてしまったら、もう戻らない」と諦めている方がいらっしゃいます。それは大きな間違いです。エイジングケアにおいて、「すぐ」に行動することが大切であるとお話ししましたが、のんびり、人任せ、成り行き任せにしていると、状況はどんどん悪化します。その進行具合を示したのが31～32ページの図です。

私は海外でも医療と化粧品の研究に携わってきましたが、日本人の女性ほど美

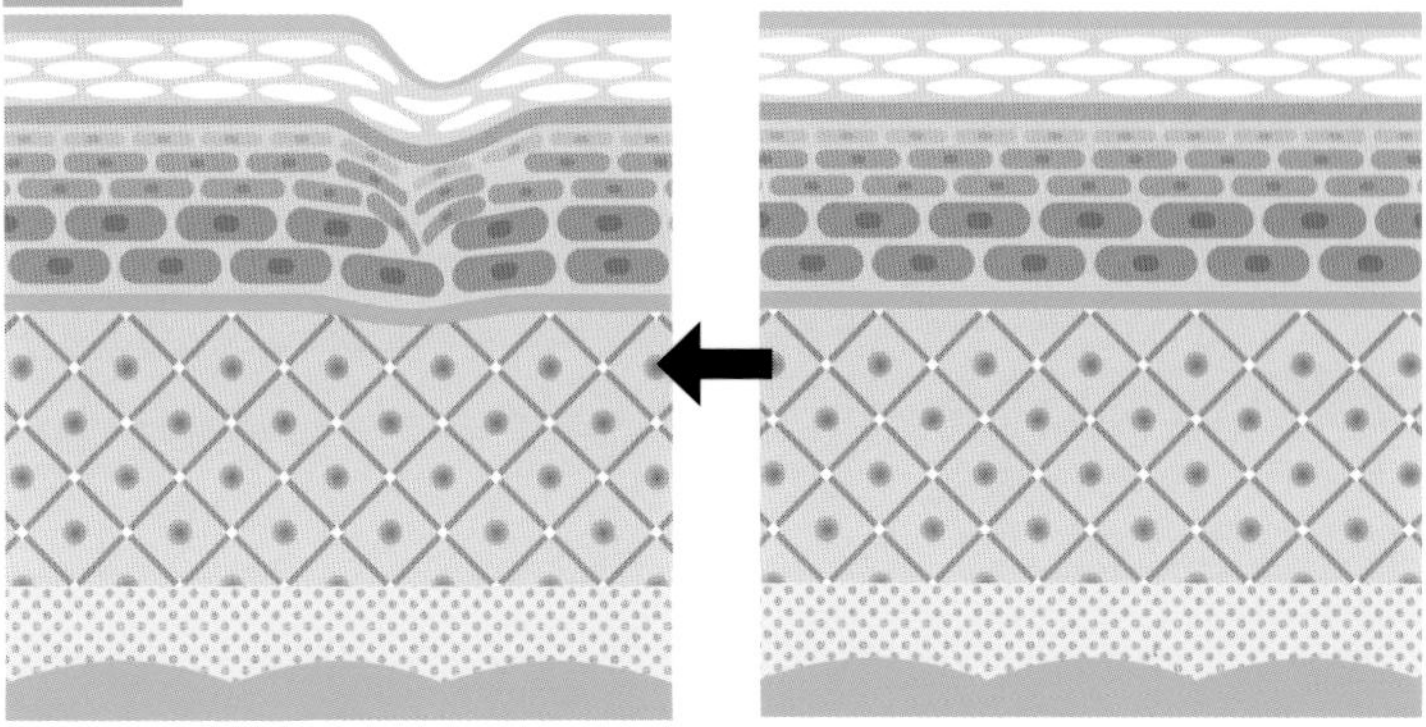

肌への意識が高い国民はいない、と感じています。

韓国や米国は、美容医療とメイクアップにはとても積極的ですが、スキンケアに関しては日本は先進国です。

シワは次のように進んでいきます。

進行度1　小ジワ
保湿と美容液でほぼ100%改善
←
進行度2　表情ジワ
ボツリヌストキシン治療等で改善
←
進行度3　真皮《しんぴ》ジワ

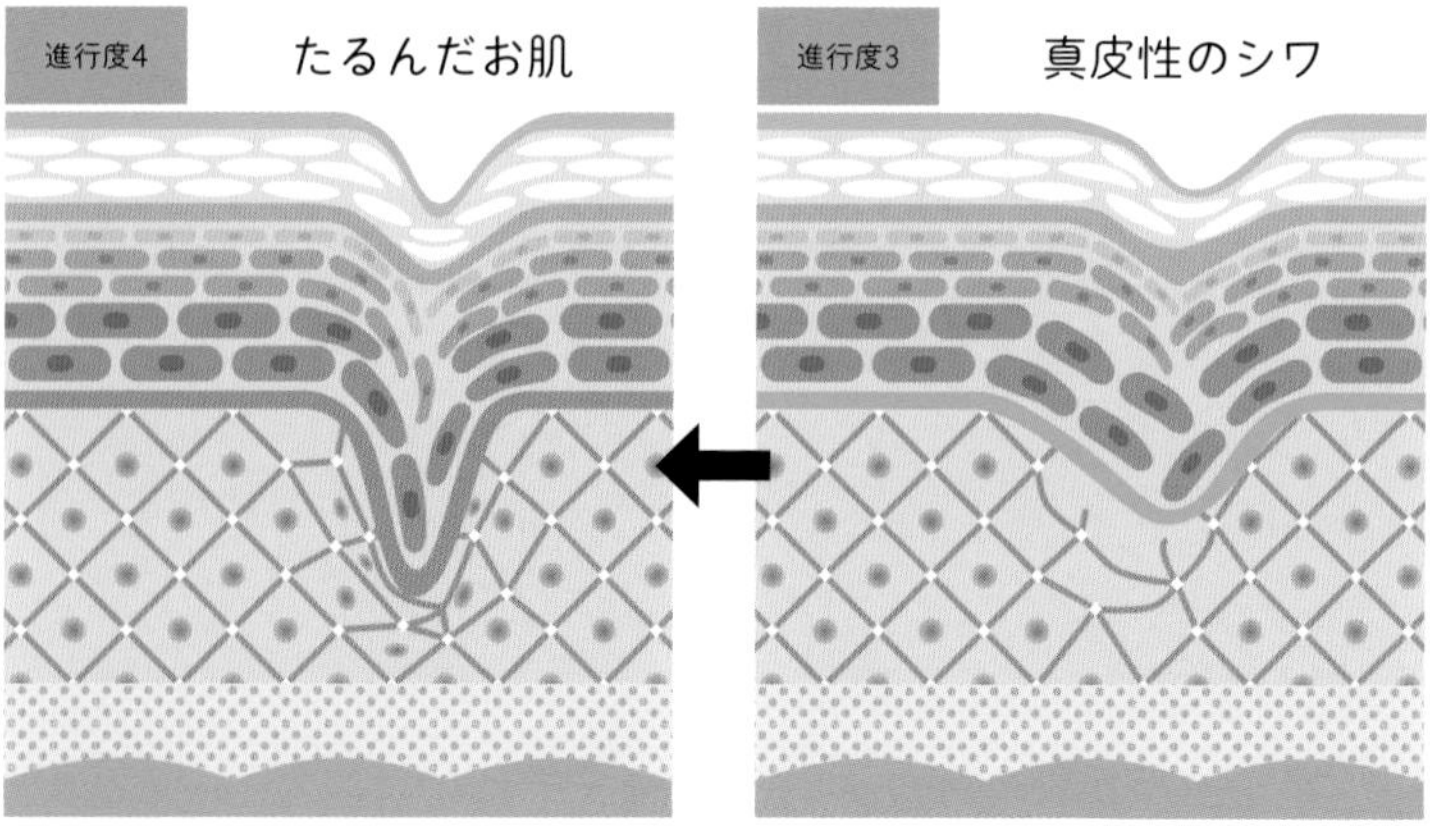

ヒアルロン酸注入等で改善

←

進行度４　たるみジワ

ヒアルロン酸注入等で改善

ただ、乾燥によるシワは諸外国の方よりも少ない一方で、横に広い顔の日本人は頬の重力を支えにくい構造のため、小鼻の横から入るほうれい線と目頭から斜め下に入るゴルゴライン、口元から下に伸びるマリオネットラインができやすい傾向にあります。

進行度１

小ジワに気づいたらすぐ行動を

小ジワ（31ページ・イラスト左）は、肌のいちばん外側にある表皮に表れる細かいシワで、「ちりめんジワ」「乾燥ジワ」ともいい、20代前半の若い人にもよく見られるシワです。主な原因は「乾燥」と「紫外線」です。乾燥によって角層の保水力が低下して、肌の表面に細かいシワができてしまいます。

小ジワの改善方法

クリニックでもっとも治療しにくいのは、じつは皮膚が薄い目の下のちりめんジワです。しかし、この部位はアイクリームによる保湿ケアと、徹底した紫外線対策によって、しっかり予防・改善できます。

朝、鏡を見て、小ジワに気づいたら乾燥のサイン。すぐに対処すれば、ほぼ100％改善することができます。一方で、そのままなにもせずに放置していると、次の段階のシワへと進んでしまいます。

また、50代以降は、美容液は絶対に使ってほしいアイテムです。生活習慣にもよりますが、40代半ばくらいから使ったほうが肌を美しく保ちます。化粧水や乳液よりも特定の美容成分が高配合されているので、高価なぶん悩みを集中的に解決し、そして未然に防ぐ役割もあります。

特定の美容成分は、保湿、美白、シミ、シワなど、悩みに適したものを選びましょう。プラスαとして上手に日々のお手入れに加えていってください。

進行度2　いつもの表情が刻まれる「表情ジワ」

表情ジワと加齢によるシワは異なります。

顔にはおよそ二十数種類の表情筋があります。表情筋は、笑ったり、怒ったり、泣いたりといった感情を表すときに動かす筋肉です。

心配したり怒ったり、目の焦点を合わせたり、眩《まぶ》しいときなどは、眉間《みけん》にシワが寄ります。悪口をいったり、不平不満をいっていると口角が下がります。試しに不満げに「フン」とアゴを上げていってみてください。口がへの字になりますね。アゴを上げると口角下制筋が働き、口角を下げる筋肉が引っ張られるからです。口角が下がり、ほうれい線が目立ち、不満そうな顔になります。

への字をやめて、ニコニコ顔をしてみてください。笑うときに使う「笑筋《しょうきん》」という筋肉が動きます。口角を上げるだけで、脳は「幸せ」と勘違いします。すると幸せホルモンのセロトニンと、多幸感をもたらす神経伝達物質のエンドルフィンが分泌されます。

試しに今度は、鏡を見ながら楽しげに口角を上げてみてください。幸せな気持ちがあふれてきませんか。ぜひ試してみてください。ちなみに寝ているとき、眉間にシワを寄せている人が約6割いるというデータがあります。食いしばりがある方は、歯医者さんにすぐに相談してみてください。マウスピースを作るなど、提案してもらいましょう。食いしばりや歯ぎしりがあると、歯周病を悪化させる要因になります。

普段、どんな感情を抱きがちかによって、メンタルまでも左右され、日々、顔にその人の生きざまがシワとして刻まれます。

ハリウッド俳優によっては、笑いジワともいわれる目尻のシワだけは残すという方も少なくありません。一方で、絶対にとったほうがいいシワがあります。それは眉間のシワです。

眉と眉の間は、中国の人相学では「命宮《めいきゅう》」と呼ばれ、その人の人生を表す大切な部位です。健康や願望、生活力、精神力、一生の運、日々の運を見る場所です。ここにシワがあると対人運が悪くなるともいわれています。眉間のシワは、怒りや悲しみ、嫉妬、苦悩を表し、「神経質そうな人だな」「機嫌が悪い？」といった印象を相手に与えます。
眉間は「運」が入ってくる場所です。眉間のシワはないほうが運を味方にします。

眉間のシワの改善方法

眉間のシワをとる方法のひとつは、ボツリヌストキシン治療です。私がクリニックでその施術を提案すると、「毒素を注入して、筋肉を麻痺させるからコワイ」という方がなかにはいらっしゃいます。これは間違った情報が独り歩きしているせいかもしれません。

現在、ボトックス注射に使われている薬剤は、天然のタンパク質からできた毒素を分解・精製した安心安全なものです。20年以上前に使われていたような、ボツリヌス菌の菌体やその成分などは一切、含まれていないので安心してください。

ボツリヌストキシン治療は、表情筋を麻痺させるのではなく、リラックスさせるものです。顔を動かすときに寄るシワを予防し、すでに刻まれてしまったシワを改善することができます。

私が行う施術では、眉の間だけに注射するものではありません。シワの表れ方をよく見極めて、ゆるめるべき筋肉を特定して、必要な量だけ注射します。そうしないと、不自然な表情になるからです。

量や部位が適切でないと、顔が必要以上にリラックスしてしまい、下がり眉になってしまったり、まぶたが重たく垂れ下がったりしてしまいます。

施術後、すぐには効果は出ません。2～3日後から表れ、2週間後にピークが訪れます。持続期間は約4～6カ月です。注射を打つ人の技術力が問われ、効き目には個人差もあります。もしも、効きすぎてしまった経験がある方は、医師にそのことを伝え、量を調節してもらいましょう。

ヒアルロン酸は60代では
20代の75%も減少する

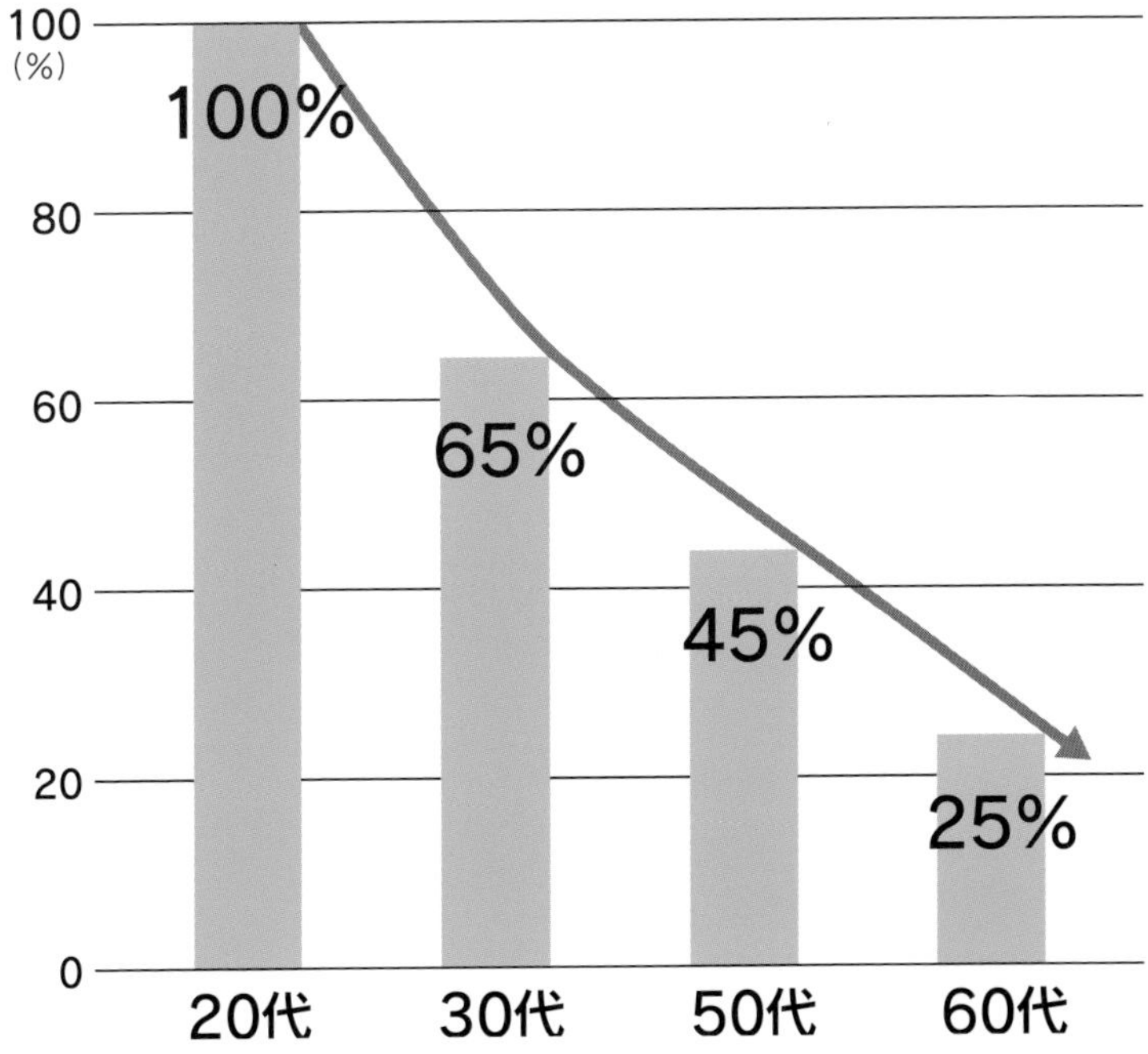

進行度3　真皮層までシワが到達するシワの最終形

ちりめんジワと異なり、真皮層までシワが到達した「真皮ジワ」（32ページ・イラスト右）は、保湿などによるケアでは元に戻りにくくなります。私たちの体内にはもともとヒアルロン酸が存在し、水分を保持して、肌のハリや弾力を保つ働きをしています。

しかし、年齢とともに39ページのグラフのように、ヒアルロン酸は30代から減り始め、50代で45%、60代では25%まで減少します。それによって、凹《へこ》みや真皮ジワ、たるみが起こります。

できることなら「ちりめんジワ」の段階で、しっかり保湿ケアをしておきたいのですが、これ以上シワを深めないように、乾燥を防いで潤いを可能な限りキープすることで美容を貯金することにつながります。さらに美容貯金は、投資によってさらに増やすことが可能です。

真皮ジワの改善方法

凹みや真皮ジワ、たるみに有効な施術法のひとつは、ヒアルロン酸です。お肌のヒアルロン酸は、年々減少していきます。ヒアルロン酸を直接、真皮の内側に注入することによって、体内の皮下組織と融合して、凹みや真皮ジワ、たるみを改善します。

ヒアルロン酸注射は、医師の技術力が問われる施術です。私は、その方の脂肪や筋肉の位置、肌状態などを注意深く丁寧に見極め、一人ひとりに合った注入をしています。

その技術力と症例数の多さを世界的に評価され、2010年、ヒアルロン酸製剤で世界シェア1位の製薬会社「アラガン・ジャパン社」と、安全性の高さがもっとも早く確立されたヒアルロン酸注入剤を開発した世界最大手の皮膚科学専門製薬会社「ガルデルマ社」から注入認定指導医の任命を受けました。

指導医というのは日本でも数名しかいません。私は、年間８０００人以上の診療を行いながら、注入認定指導医として年に１００回ほど学会や講演、セミナーに登壇し、世界中のドクターへ注入技術の指導を行っています。

仕上がりのよさから口コミで評判となり、今では世界中からたくさんの方が当クリニックを訪れます。技術力もさることながら、他院に比べ価格が良心的であることも人気の秘密のようです。

今泉式ヒアルロン酸注射の根本的な考え方は、「たるみ」「もたつき」「影」「シワ」のない艶《つや》やかな肌で、凹凸のないふっくらした顔立ちです。これが実現すると、みなさん10年前の若々しい顔立ちが蘇《よみがえ》ります。

今泉式ヒアルロン酸注射やボトックス治療、レーザー治療などでシワをなくして顔の影を消すと、本当にびっくりするくらいみなさん若くなります。

医学的にも、シミを消すだけで5歳若返り、シワを消すと10歳若返るというデータが報告されています。

シワとのつき合い方ポイントまとめ

- エイジングケアにおいて、「すぐ」に行動が大切
- 小ジワに気づいたら乾燥のサイン。「すぐ」に対処する
- 美容液は、50代以降はマストアイテム。まだの人は「今すぐ」購入
- 眉間のシワは運気を下げる。ボツリヌストキシンで治療を
- 凹みや真皮ジワ、たるみには、ヒアルロン酸注射
- シミを消すと5歳若返り、シワを消すと10歳若返ると医学的にも証明

Part 2

肌老化の８割を占める紫外線の対策で美容を貯える

4

UV対策が老化を防ぐ

夏以外、日焼け止めは塗らない　↓　×

肌の老化には、「自然老化」と「光老化」の2種類あります。あまり知られていませんが、自然老化が2割、光老化が8割という報告があります。

つまり「肌老化の8割は紫外線である」

さらに、皮膚がんも日光の当たる部位に発症します。

UV対策をしっかり行うと、老化の8割は抑制でき、美容貯金をたくさん増やせるということです。

紫外線対策として大切なポイントをまとめます。

美容貯金を増やす紫外線ケア7つの鉄則

1 夏だけではなく、季節を問わず1年中、日焼け止めを塗る
2 下地やファンデーションにUVカットがあっても、日焼け止めも塗る
3 日中、こまめに塗り直す
4 外出しない日も、紫外線対策をしっかり行う
5 外出時は、日焼け止め+日傘や帽子で、紫外線対策をする
6 出かけるときは長袖とサングラス
7 雨の日、曇りの日でも紫外線対策をする

1つくらいやらなくてもいいかな、ではなく、全部しっかり行ってください。それができる人が10歳若返る人です。「紫外線ケア7つの鉄則」は、10歳若返るうえでなくてはならない基本の必須項目です。

サングラスもかけてください。なぜなら、紫外線が目に入ったことを察知して、

脳は紫外線の影響をブロックするためにメラニン色素を生成し始めるからです。

また、レンズの役割をしている水晶体は、紫外線を受けると活性酸素が発生します。すると水晶体の細胞内に含まれるタンパク質が酸化し、白内障を引き起こす原因につながります。ぜひ目も大切に守りましょう。

紫外線は肌の老化を促進する

「今泉先生、スキンケアでなにがいちばん大切ですか?」という質問をよく受けます。答えはいつも決まっています。

「スキンケアでなにより大切なのは、紫外線対策。それから保湿です」

私たちの肌は、シミを消すだけで5歳若返り、シワを消すと10歳若返るという医学的なデータがあるように、紫外線対策と保湿は日々のエイジングケアのなかでもっとも大切なものです。

もうひとつ、紫外線対策と保湿にプラスして大切なことがあります。

「毎日、続けること。やったり、やらなかったりするのはいけません」

顔のマッサージや表情筋の筋トレは、やったりやらなかったりではなく、毎日続けることが大切です。ぜひ、覚えておいてくださいね。

すこし紫外線についての勉強をしておきましょう。紫外線は、英語でウルトラヴァイオレット・レイズ（Ｕｌｔｒａｖｉｏｌｅｔ ｒａｙｓ）といい、略してＵＶです。波長には、Ａ波、Ｂ波、Ｃ波という3つの光線があります。日焼けの原因となるＡ波とＢ波について解説します。

●紫外線Ａ波

長い波長で、部屋のなかにいても窓やカーテンを突き抜けて入ってきます。直射日光が当たる屋外の紫外線照射量を１００とすると、約80％の割合で室内に入ってくるといわれています。

カーテンはＵＶカット効果のあるものを活用するのがベストです。すると80〜90％のＵＶはカットできます。

この波長は、真皮層や皮下組織にまで深く到達して、肌にダメージを与えます。研究の結果、Ａ波がシミとシワを発生させる主な原因であることがわかっています。

Ａ波によって、真皮線維芽《せんいが》細胞も損傷を受けるため、美肌のもととなる3大成分「コラーゲン」「エラスチン」「ヒアルロン酸」の分泌が低下してしまいます。線維芽細胞とは、美肌成分を作る重要な工場で、20歳を過ぎたころから急激に減少し始め、50歳を過ぎると20歳のころの約半分にまで減ってしまいます。日焼け止めを塗って、しっかり紫外線対策をすることで、この減少速度を抑えることができます。

●紫外線B波

A波よりも波長が短く、肌の表面にしか届きません。表皮に強く作用して、日ざしを浴びた数時間後に、肌に赤く炎症を起こさせます。色素細胞のメラニンを増加させ、日やけによるシミ・ソバカスの原因を作ります。この日焼けの繰り返しが「光老化」を招きます。

光老化は、紫外線を浴びた時間と強さに比例します。オーストラリア大陸の上空では、紫外線を吸収する大気圏のオゾン層が薄く、世界でもっとも紫外線が強い国といわれています。そして、皮膚がんの発生率の急増を機に、1980年代から国家レベルで紫外線対策が行われています。

皮膚がんの発生率は、18歳くらいまでにどれくらいの紫外線を浴びたかによって決まるという報告もありますから、日焼け止めの徹底は、肌の老化をストップさせるためにも欠かせません。

もともとメラニンは紫外線によるダメージから肌を守る大切な働きがあるのですが、紫外線によるダメージが長年蓄積していくと、メラニンが過剰に作られます。するとターンオーバーが滞《とどこお》り、本来は排出されるメラニンが肌の中に留まってしまいます。これがシミを作るしくみです。

日焼け止めの塗り方と選び方

朝ぬるま湯で顔を洗ったあとは、化粧水、乳液で肌を整えて、そのあとに日焼け止めを塗ります。塗り方は、フェイスラインから。じつは、正面はちゃんと塗れているのに、顔の側面がおろそかになっている人が非常に多いのです。

日焼け止めを手のひらでくるくるとなじませながら、フェイスラインからぐるっと円を描くように塗り、さらにもう一度おでこ、鼻筋、頬の高い部位に重ね塗りします。

日焼け止めの選び方は非常に重要です。日焼け止めには2つの種類があります。「紫外線散乱剤」「紫外線吸収剤」です。お肌にいいのは、吸収剤フリーで、「紫外線散乱剤」を使用した日焼け止めです。

紫外線散乱剤は、物理的に紫外線を反射・散乱させて、紫外線が肌の奥に入り込むのを防ぎます。乳液タイプで仕上がりが白っぽくなるタイプのものです。水や汗に強いウォータープルーフ（耐水性）がおすすめです。

紫外線吸収剤を使用した日焼け止めは、水のようにさらっとしていて伸びもよく、使いやすいのが特徴です。しかし、なぜおすすめしないかというと、肌の上で小さな小さなやけどが繰り返されている状態だからです。

紫外線を吸収して、熱などのエネルギーに変化させて放出し、紫外線を防ぐしくみなのです。

どんなに小さなやけどでも、肌にとって大きなダメージになります。これが日々、蓄積していけば、乾燥を招き、小ジワの原因になります。さらに肌のキメが粗《あら》くなり、毛穴が目立つようになってしまいます。

また、使用量も大切です。伸びがいい水のようなテクスチャーの日焼け止めは、適量以下で使っている人が多い傾向にあります。日焼け止めの適量は、皮膚1平方センチメートルあたり2ミリグラム。顔全体には10円玉くらいの量です。

日焼け止めは2～3時間おきに塗り直すのが基本ですが、とっても便利なパウダータイプの日焼け止めがあります。ぜひそちらを活用してみてください。

パウダータイプの日焼け止めは、お化粧直しがわりにテカリを抑えながら、紫外線対策も同時にできてしまうので、一石二鳥《いっせきにちょう》です。商品によっては、ブルーライト（青色光）や花粉、ほこり、ＰＭ２・５などの微粒子からも肌を守ってくれるパウダーもあります。

ブルーライトは、太陽光の中や室内の照明、スマートフォンなどから発せられ、紫外線A波の波長に近く、第3の紫外線ともいわれています。

もしも紫外線を浴びてしまったら

ゴルフやレジャーなどのお出かけで紫外線を長時間浴びてしまった場合は、次の3つの方法があります。

①紫外線対策の基礎化粧品を使う

ダメージを最小限に抑えるために、「すぐに」ビタミンCやレチノール、トラネキサム酸配合の基礎化粧品を使いましょう。これらは、線維芽細胞を活性させてくれる成分です。

②高濃度ビタミンCの点滴

ビタミンCには、シミやくすみの原因になるメラニン色素の生成を抑える働きがあります。ビタミンCが持つ抗酸化作用によって、活性酸素を除去してくれます。紫外線による光老化を改善してくれる大切なビタミンです。

また、ビタミンCはコラーゲンの生成と維持になくてはならない大切な要素です。不足すると体内でコラーゲンが作られなくなり、細胞の構造や結合が弱くなり、皮膚の弾力が失われます。

食事やサプリなど口からの摂取だと、余ったものは尿として排出されてしまいます。でも、私のクリニックでは「高濃度ビタミンC」を点滴で血管内に大量に投与することができます。

ビタミンCはメラニン色素を抑え、美白効果をもたらします。さらに、ビタミンC作用でコラーゲンやエラスチンが生成され、肌のハリ、弾力アップの効果も期待できます。

ほかにも皮脂が過剰に分泌するのを抑制したり、免疫力の向上、抗アレルギー作用、がん抑制などさまざまな効果が得られます。

③フォトフェイシャル（光治療）

日焼けした直後ではなく、普段からシミやくすみ、赤ら顔などが気になる方は、フォトフェイシャル（光治療）の治療が有効です。

フォトフェイシャルは、紫外線のなかでも幅広い波長を持つやさしい光（ＩＰＬ）を照射します。シミやくすみの原因であるメラニン色素や、赤ら顔の原因となるヘモグロビンなど、複数の色素に働きかけます。1回の施術だけでも、気になる肌の色ムラが改善されます。

コラーゲンを生成するお手伝いもしてくれるので、肌のハリやつやが向上し、毛穴を目立たせなくする効果も期待できます。

ダウンタイム（治療などのあとに生じる、痛みや赤み、腫《は》れ、むくみ、内出血、などが回復して、普段通りの生活に戻るまでの期間）がほとんどありません。メイクも入浴も治療当日からできる手頃な施術です。

正しいUV対策のポイント

- 日焼け止めの選び方は、吸収剤フリーで、紫外線散乱剤を使用したもの
- ウォータープルーフ（耐水性）
- 適量を守る
- フェイスラインからぐるっと円を描くように塗る
- 鼻・おでこなど高くなっている部位は二度塗りする
- 基本的なお手入れとして、乳液のあとに毎朝塗る
- パウダータイプの日焼け止めを2～3時間おきに塗り直す
- 夜は、メイクしていない日でも、ダブル洗顔でしっかり汚れを落とす

5 出かけない日もフェイスパウダーで美しく

出かけない日は、お肌に負担がないように
すっぴんで過ごしている　↓　×

普段、お出かけしない日は、メイクをせずにすっぴんで過ごしていますか？

「今日はどこにも行かないから」

「だれとも会わないから」

「お化粧すると肌に負担がかかるから」

「クレンジングするのが面倒だから」

メイクしないでリラックスして過ごす日もたまにはいいですが、これが毎日だと問題です。なぜメイクしないと問題なのか、理由は大きく2つです。

①メイクしないと、鏡を見るのがおろそかになり、シワやシミの発見が遅れる
②乳液や日焼け止めクリームを塗った肌には、汚れが吸着しやすい

朝、鏡を見ると、今日の自分の健康状態をチェックすることができます。メイクしている人に共通するのは、美への意識がとても高いことです。

それに、メイクするときは、自分の顔をよく観察しますよね。入念に顔をチェックするので、小ジワに気づいたら、肌の乾燥のサインを見逃さず、すぐに対処できます。小ジワはすぐに対処すればほぼ100％改善できますから、深いシワへの進行をストップします。

また、空気中には目には見えないホコリや花粉、PM2・5といった汚れが浮遊しています。肌はつねに不感蒸泄《ふかんじょうせつ》（68ページ）によって水分が蒸発し、皮脂も分

泌していますから、そこに汚れがピタッと吸着されてしまいます。

それを防ぐのがフェイスパウダーです。外出用のメイクというよりも、エイジングケアの大切な仕上げステップとして、朝、日焼け止めクリームを塗ったあとは、必ずフェイスパウダーで肌を覆いましょう。

また、パウダータイプのファンデーションを使っている方にも有効です。ファンデーションは肌の悩みをカバーし、さらに上からフェイスパウダーでダブルのカバーをすることで、ファンデーションの密着性を高めて、キメを整え、肌の表面をなめらかにし、透明感を向上させます。毛穴を目立たなくする効果もあります。

購入するなら、UVカットができるタイプのもの。超微粒子のパウダーを固めたプレストパウダーのタイプで、ミラー付きのコンパクト入りのものなら、2〜3時間おきに手軽に日焼け止めの塗り直しが可能で、いつでも鏡で自分の顔のチェックができます。

紫外線対策ができるお守りとして持ち歩きましょう。

フェイスパウダーの大切さのまとめ

- 日焼け止めクリームだけのケアは逆に汚れが吸着しやすい
- 鏡をまめに見ることで深いシワへの進行をストップできる
- ファンデーションの密着性を高める
- キメを整える
- 透明感が向上し、毛穴が目立たなくなる
- UVカットできるタイプは手軽に日焼け止めの塗り直しができる
- いつでも紫外線対策ができるお守りになる

6 化粧水は、ケチらずたっぷりと

化粧水は、使用方法を確認して適量を使う ↓ ×

化粧水は、顔を洗ったあとの肌にたっぷりしみ込ませます。ポイントはとにかく「たっぷり」。しおれた植物に水をあげると、根っこから水をどんどん吸い上げ、葉っぱにパーンとしたハリが戻ります。肌に必要なのは水分です。美容貯金のために、「今までの倍量の化粧水をつける」ことを心がけてください。

以前、ひどい肌荒れで悩んでいた患者さんが、「化粧水倍量ケア」でわずか2週間で肌がびっくりするほどキレイになりました。吹き出物やシワ、くすみまで改善されたのには驚きました。化粧水でたっぷり潤いを与えると、次に使うスキンアイテムの浸透力が格段に上がります。

そのため、化粧水は高価なものでなくてもＯＫです。なくなったときにすぐに買えるよう、近くのドラッグストアで売っているもので十分。選ぶなら、ぜひ日本のメーカーのものにしましょう。日本の製品は研究に研究を重ねて作られているとても優秀なアイテムぞろいです。私は、日本製の化粧水を１カ月に２本使います。

ここでひとつ、私がやっている基礎化粧品の選び方をお伝えします。
肌はとても賢く柔軟な臓器です。化粧水や乳液、美容液、クリーム、アイクリームなど、ときどき違う成分が入ったものに変えて、新しい出合いを肌にさせています。肌はそれを刺激にあらたに成長します。
どうしても同じメーカーで一から全部そろえたくなる方も多いのですが、ばらばらでもいいのです。

「今回は美白系のものを使ってみようかな」

「次はリンクルケア」

「シワの予防にこっちのクリーム」

ずっと同じものを使うよりも、毎日、楽しいですよね。

ぜひ年に1回くらいを目安に、それぞれのアイテムを、いつも使っているものから別のものに変えてみましょう。

美容を貯金する化粧水の使い方

（1）化粧水をコットンにふくませる。または、手でつけるのでもOK

（2）フェイスラインから中心部に1～2回に分けてつける

（3）手でもう1回、同じようにつける

（4）最後にハンドプレスをする

ハンドプレスのやり方

最後に手のひらで顔全体を包み込んでハンドプレス。
肌の奥へ奥へと化粧水がしみ込み、潤っていくのをイメージします。
ハンドプレスは、いわば「手当て」。「手当て」をすると、
脳の神経伝達物質「オキシトシン」が分泌され、
不安やストレスを緩和します。

多くの方は頬からつけていきますが、コラーゲン量が圧倒的に少ないフェイスラインからつけていきます。

ハンドプレスのやり方は、化粧水を顔につけたあと、手のひらで顔全体をやさしく包み込むように押さえ、化粧水を肌になじませます。皮膚にモッチリ感が出れば、肌への保水は完了です。

この手順で毎日エイジングケアを続けていけば、短時間で肌が変わります。

美容を貯金する乳液の使い方

化粧水で潤ったら、次に乳液の油分でフタをして、水分の蒸発をしっかり防ぎます。化粧水だけでは、どんどん蒸発して乾燥していくので、乳液で水分を肌のなかに閉じ込めます。

表皮に油分でフタをして水分を閉じ込めておくことを「エモリエント効果」といいます。乳液には、皮脂膜の役割を果たして水分の蒸発を防ぎ、角質層を柔らかくする作用があります。柔らかくなるというのは、シワができにくくなる、というのと同等です。

つけ方は化粧水と同じようにフェイスラインから。それからハンドプレスです。

体から失われる水というと、汗と尿を思い浮かべますが、それ以外にも気づかないうちに体から蒸発していく水分があります。それが「不感蒸泄」です。皮膚と呼気から水分が蒸発することです。

不感蒸泄は、安静にしているときでも1日900ミリリットル蒸発しています。呼気から300ミリリットル、皮膚粘膜から600ミリリットルくらいの割合です。

大人は不感蒸泄も含めて、1日にトータルで2・5リットルほど体から水分が失われます。食事から得られる水分以外で、お茶やコーヒーなど1日2リットルの水分補給を目指しましょう。

ポイントは、少量ずつこまめに。一度にたくさん飲むと、利尿作用が高まり、トイレが近くなります。

「汗をかいていないから」「のどが渇いていないから」「トイレが近くなるから」と水分補給を控えていると、夏であれば脱水症の原因になりますし、肌の潤いも失われます。

化粧水と乳液の使い方のまとめ

- 化粧水は高価なものでなくてもOK
- 化粧水は今までの倍量をつける
- ストレスなくすぐに買える近所のドラッグストアなどで購入
- 年に1回くらい違うものを使ってみる
- つけたら、最後はハンドプレスで肌とこころを癒やす

Part 3

夜の正しいお手入れで
寝ている間に１０歳若返る

7

お化粧しない日も、夜の洗顔ではクレンジングを使います

「クレンジング不要」の化粧品は、用法どおりダブル洗顔しない　↓　×

「クレンジング不要」の日焼け止めやファンデーションは、本当にクレンジングせず、洗顔料だけでいいのでしょうか。

すっぴんで過ごした日は、クレンジングは必要ないのでしょうか。

答えはノーです。

夜は、かならずクレンジングでクリームや日焼け止め、ファンデーションなど

をしっかり落とし、ダブル洗顔で1日を終えてください。

正しいクレンジング方法は肌のためにも非常に重要です。クリニックにいらっしゃる患者さんにも、そのことをお伝えしています。

正しいやり方をつづけると、だんだん肌のキメが整い、小ジワやシミが気にならなくなってくるはずです。

クレンジングは、メイクを落とすためだけのものではありません。

その日使った保湿クリームや日焼け止め、ヘアケアアイテムのほか、外気の排気ガスにも油分が含まれます。

これらの油汚れは、洗顔料だけでは落とせません。

落としきれなかった油分がそのまま肌に残ると、酸化します。

皮脂が酸化すれば、過酸化脂質という物質になり、老化の原因となる活性酸素を発生させ、シミの原因となるメラニン色素の過剰生成を引き起こして肌にダメージを与えます。

メーカーによっても異なりますが、洗浄力の強い順に紹介します。

オイル

←

ジェル

←

クリーム

←

ミルク

これ以外にもいろいろなタイプのものがありますが、オイルタイプのクレンジングは乾燥しやすい大人の肌には絶対おすすめしません。

洗浄力がものすごく強くて、肌の潤い成分まで奪いとってしまうからです。

肌への負担が少ない、使い心地がやさしいクレンジングはジェルタイプです。

オイルフリーのジェルであれば、皮脂やセラミドなどを洗い流してしまう心配はありません。

紫外線ケアとして使うウォータープルーフタイプの日焼け止めは、しっかりクレンジングしないと肌に残ってしまいます。

毎日のクレンジングで1日の肌の汚れを落とすと、毛穴がつまるのを予防し、肌のターンオーバーを正常化することにつながります。

クレンジングを使うことで、得られるメリットをまとめます。

- くすみを予防
- 肌のトーンを明るくする
- 毛穴がつまるのを予防
- シミの原因を取り除く

クレンジングにはこのようにたくさんのメリットがあります。

すっぴんの日も、ぜひクレンジングしましょう。

クレンジングの次は洗顔料でダブル洗顔

クレンジングの次は、洗顔です。

洗顔では、古い角質や汗、ホコリなどの「水性の汚れ」を落とします。

洗顔料を選ぶとき、乾燥を気にして「洗い上がりがしっとりタイプ」を選ぶ方も多いのですが、これはおすすめしません。

なぜなら洗浄成分として界面活性剤が配合されていることが多いためです。すすぎきれずに肌に残ることが多く、肌荒れの原因になります。

石けん成分の洗顔料でもオッケーですが、固形タイプは使ったあと、そのまま置いておくと雑菌が繁殖するので、できればチューブタイプかポンプタイプにしましょう。

日々のクレンジングだけでは落とせない汚れ

メイクをすると、ファンデーションが肌にしっかり吸着されます。メイク直しを頻繁にしなくても、美しさを長持ちさせるようにファンデーションはものすごく進化しています。

すると毛穴をふさぎ、毛穴のなかまで入り込むものが多いので、しっかりクレンジングしないと、毛穴のなかにポルフィリンという物質が溜まっていきます。ダーマスコープという皮膚を透過して診《み》ることができる特殊な拡大鏡で見ると、毛穴がつまっているのがよく見えます。

ポルフィリンに紫外線が当たると、活性酸素が発生します。これがシミ、シワ、くすみの原因です。活性酸素によって毛穴の出口が刺激されると、角質がどんどん大きくなって毛穴をふさいでしまいます。そうなるとなかなか自分では落とせない状況になります。

改善する方法がいくつかあります。２つの施術を紹介します。

改善方法① ケミカルピーリング

普段の洗顔では落としきれない古い角質を、グリコール酸などの弱酸の作用で溶かして落とします。この施術は、年齢とともに遅くなっていく肌のターンオーバーを促進するので、吹き出物やオイリー肌を改善し、毛穴を小さくしたり、くすんだ肌色を明るくしたりできます。

20代の健康な肌は、28日間で生まれ変わります。

しかし、加齢やストレス、紫外線、大気汚染などの外的要因によってサイクルが乱れがちになります。

ケミカルピーリングによって、肌表面に溜まった古い角質を取り除き、正常なターンオーバーへと近づけます。

角質が整うとバリア機能も正常に働くので、肌状態も美しく整います。
毛穴の黒ずみの原因である角栓《かくせん》を除去し、肌をなめらかにします。

改善方法②　ハイドラフェイシャル

薬液を肌に直接塗布するピーリングとは違う、水流を利用したピーリング治療です。マシンを使って、過剰な皮脂と蓄積した古い角質をやさしく取り除きながら、渦巻き状の水流によって毛穴の奥の奥の汚れまで洗浄していきます。

このとき保湿しながらピーリングするので、乾燥や肌荒れなどのリスクも最小限に抑えられます。

肌トーンをアップして、くすみを解消するホワイトニング＆ブライトニング効果や、毛穴を引き締めてキメを整える効果、ハリを出してちりめんジワを改善する効果など、幅広い効果が期待できます。

毛穴がきれいに掃除されたあと、そこへ美容液を浸透させるところまでが1回の治療の流れになります。

広がった毛穴を「フォトフェイシャル」や「レーザー」などで熱を加えて小さくします。

汚れを「マイナス」したら、「プラス」する。

これが美容クリニックでの一連の流れです。自分で普段やっているスキンケアだけでは、肌の奥の奥の深層部（真皮層）まで、有効成分を届けることがなかなかできません。

美容クリニックでは、真皮層まで有効成分を届ける「イオン導入」という施術があります。

微弱な電流を皮膚に流し、イオン化した水溶性の有効成分を肌が持つバリアゾーンも通り抜けて、肌の深層にまで届ける治療です。

使用する有効成分は、高濃度ビタミンCやトラネキサム酸などがあり、成分によって浸透率は化粧品の100倍になることもあります。治療後すぐに、肌の変化を実感できます。

高価なクリームを塗っても、加齢によるシワやくすみ、シミをケアするのは不十分です。大切なのは、与えるだけではなく、角質を除去するケアです。不要な角質を取り除かなければ、どんなにたっぷり化粧水やクリームを使っても、浸透しにくくなります。

ドラッグストアでも、いろいろなタイプの角質ケアアイテムが売られています。酵素の力でタンパク質を分解する洗顔料や頑固な毛穴汚れを吸着するクレイ洗顔料、塗るだけで角質ケアできる美容液、角質を取るピーリングジェルもあります。ただ、40代以降はバリア機能も低下し乾燥しやすくなっているので、やりすぎは禁物です。

ピーリングは、新陳代謝を活発にし、余分な角質を取り除き、皮下組織への水分保持をもたらします。頻度は、肌の状態によりますが、美容クリニックでは2～3週間に1回くらいの割合で約3カ月を目安に行います。

そのあとは、改善した肌状態を保つために、月1回ほど行うのが理想的です。自分でやるのが不安な方は、ぜひ美容クリニックを上手に利用しましょう。プロに任せると安心です。

夜のクレンジングのポイント

- パッケージに記載されている適量を守る
- ゴシゴシ擦らない
- 時間をかけずに、30～40秒程度で洗い流す
- お湯の温度は35度くらい
- クレンジング剤をしっかり洗い落とす

洗顔の正しい手順とポイント

1 顔を洗う前に、手の雑菌と汚れを洗い流す
2 顔をぬるま湯で濡らす
3 洗顔料をよく泡立てる
4 Tゾーン（おでこから鼻筋の部分）から洗う
5 ぬるま湯でしっかりと洗い流す
6 清潔なタオルでやさしく拭く
7 洗顔後は「すぐ」に保湿をする

洗顔でやってはいけないこと

● 少ない泡で肌をゴシゴシ擦る
● 熱いお湯、または冷たすぎる水で洗う
● タオルでゴシゴシ拭く
● 洗顔後の肌を保湿しないでそのままにしておく

8

夜はナイトクリームをたっぷり塗ってお手入れをする

夜は、朝と同じ基礎化粧品でお手入れをしている　↓　×

夜は、化粧水と乳液で朝と同じお手入れをしている人も多いのではないでしょうか。

夜には夜に適したお手入れのやり方があります。

夜は、美容貯金をたっぷり貯える最大のチャンスです。美肌は夜に作られるからです。

夜の正しいスキンケア法

美容を貯金するためにも、がんばった今日1日の肌をやさしく丁寧にいたわりましょう。夜のエイジングケアは、次の順番で行います。

クレンジング剤を使って洗顔
←
洗顔料を使って洗顔
←
化粧水
←
乳液
←
アイクリーム

←

ナイトクリーム

クレンジング剤と洗顔料によるダブル洗顔で、入浴後は1日の汚れがきれいに落とされています。

皮脂や天然保湿因子などが流れ落ち、皮脂腺から分泌する皮脂と、汗腺から分泌される汗が混ざり合ってできている皮脂膜も、洗顔後はすっかり失われています。

そのため一時的に肌のバリア機能が低下し、とても乾燥しやすい状態になっています。お風呂から上がったら、髪を乾かしたり、スマートフォンをいじったりする前に、とにかく保湿です。

朝と同じようにたっぷりの化粧水で「すぐ」に保水をします（63ページ参照）。

次に、「すぐ」に乳液で蒸発を防ぎます。

乳液も化粧水と同様に、フェイスラインからつけ、次に中心部につけます。乳液は皮脂膜がわりになって肌を守ってくれます。

美容液を使う場合は、乳液の前に使用し、そのあと与えた栄養分が蒸発しないように、ナイトクリームでしっかりフタをして閉じ込めます。ここでもエモリエント効果が発揮されます。

ナイトクリームは、ベタベタするくらい、たっぷりの量を塗って、肌の表面を覆います。ぐっすり寝ている夜の間、不感蒸泄による水分蒸発を閉じ込め、潤いを持続させます。

たっぷりクリームの「ちょっと贅沢《ぜいたく》ケア」によって、寝ている間に集中的にケアされ、若返りを導きます。

化粧水も、ナイトクリームも、あなたを老化から守る最強アイテムです。特別に高価なものを使わなくてもいいのです。近所のドラッグストアで買えるものでいいのです。

ただ、オールインワンジェルはおすすめしません。コストパフォーマンスのよさと時間短縮、摩擦をかぎりなく減らせるというメリットはありますが、40代以降の大人の肌には不向きです。

なぜなら若い人の肌であれば、オールインワンジェルで十分ケアできますが、水分量や皮脂量、天然保湿因子などあらゆるものが減ってきている大人の肌には、これひとつのケアでは不十分なのです。

ジェルはぷるぷるとしたゼリー状ですから、成分のほとんどが水分です。乳液には油分が20〜30％、クリームには40％ほど含まれていますが、オールインワンジェルは油分が数％と非常に少ないため、塗ってもエモリエント効果が発揮されずにどんどん乾燥していってしまいます。

ナイトクリームの使い方ポイント

- 高価なものでなくてもＯＫ
- ベタベタするくらいたっぷり使う
- オールインワンジェルは大人の肌には不向き

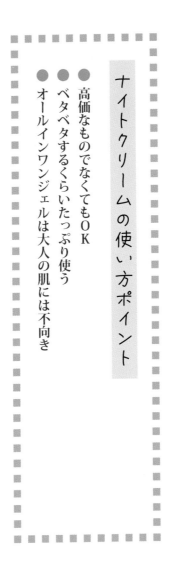

9 アイクリームで目もとのトラブルを解消

摩擦の原因になるので
皮膚の薄い目もとにアイクリームは使わない　↓　×

顔の印象は目もとで8割決まるといわれています。

いちばん早く年齢が表れる場所が目もとです。


つまりアイケアは、エイジングケアの要《かなめ》です。

「アイクリームは使ったほうがいいですか？」

そう聞かれた場合、「はい、もちろん。絶対に使ってください」とお答えしています。

目もとは皮膚がとても薄いため、シワやクマ、たるみなどのトラブルが出やすい場所です。

40歳を過ぎたらアイクリームはマストで利用しましょう。

ところが、せっかくアイクリームでケアしているのに、残念ながら間違った塗り方をしている方も多く見られます。

間違ったやり方では余計にシワとたるみを作ってしまいます。

アイクリームを「なじませる向き」は顔筋《がんきん》の力を活かした塗り方です。

イラストを見て、しっかり正しい塗り方をマスターしましょう。

アイクリームの正しい塗り方

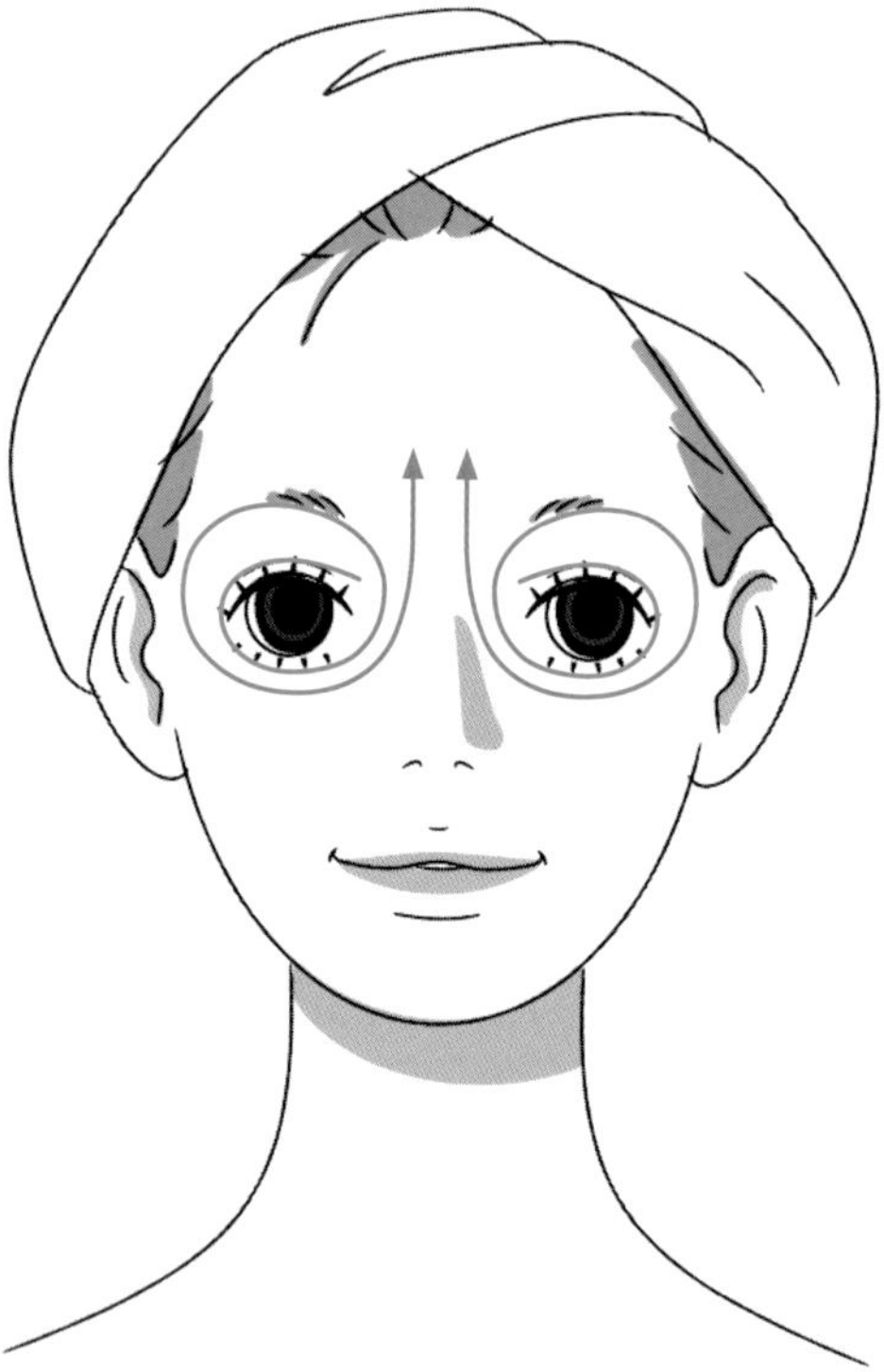

「くるりん」とやさしくやさしくマッサージすると、
目もとの血行を促進し、クマ、
たるみの解消にもつながります。

アイクリームの正しい塗り方ポイント

- 「顔筋の力」を活かす
- 乳液やクリームで指の「すべりをよく」する
- 薬指の腹を使って「やさしく」。ムダな力を入れない
- 「眉上」まで螺旋《らせん》を描いて「くるりん」
- 皮膚を引っ張らない

間違った顔マッサージはシワを作る

おすすめできないのは、誤ったやり方の「顔筋マッサージ」です。

マッサージの目的は3つあります。

(1) 筋肉を鍛える
(2) 筋肉のコリをほぐす
(3) 肌を柔らかくする

マッサージには肌を柔らかくしてシワとたるみをできにくくする効果があるのですが、間違ったマッサージは逆効果です。

さまざまなやり方が紹介されており、効果がちゃんと表れるものもありますが、やめたとたんに筋肉が垂れてしまう場合も少なくありません。

その落差が激しいので、くれぐれもやりすぎには注意しましょう。

顔の筋肉体操をやるなら、毎日、適度にやってください。なによりも継続が大切です。ポイントは2つです。

顔の筋トレはやるなら毎日

やりすぎには注意

首のマッサージをする場合は、とても効果が高いおすすめのアイテムがあります。それが「ゲルマニウムローラー」です。凝りかたまった筋肉をほぐし、タイトニング（引き締め作用）してくれます。

ゲルマニウムは自然界の鉱石などから抽出される半導体の物質です。肌のイオンバランスを整えて肌のキメを正常にし、かさつきやたるみの改善にも効果が期待できます。

また、血液中に酸素を運んで新陳代謝を高める作用があります。

老廃物や疲労物質、有害物質、余分な水分を汗腺から排泄し、血液・リンパ液の循環を促進させ、体内の新陳代謝を活発にします。疲労回復効果やストレス改善効果もあります。

Part 4

美容クリニックとの上手なつき合い方

10 肌トラブルがないときも美容クリニックに行く

肌トラブルがなければ、わざわざ美容クリニックに行かない　↓　×

みなさんはどれくらいの頻度で美容室に行っていますか。
白髪を染めに月に1回、2カ月に1回という人も多いのではないでしょうか。
歯医者さんはどうでしょうか。
私は、歯石の除去などのために、3カ月に1回をめどに歯医者さんで定期検診をしています。

なぜなら、毎日どんなに丁寧に歯のブラッシングをしていても、歯石やステイン（コーヒーや紅茶などによる歯の着色汚れ）は落とせないからです。


歯の汚れをそのまま放っておくと、虫歯と歯周病の原因になります。

歯は全身の健康にも関わります。

歯周病の原因となっている細菌は、心筋梗塞や動脈硬化症、肺炎、糖尿病に関与すると報告されています。


ネイルサロンはどうでしょう。

定期的に通って、爪をキレイにしてもらう方も増えてきました。

ヘッドスパはいかがですか。

ヘッドスパを美容室でやってもらうと、本当に気持ちいいですよね。

心身ともにリラックスして癒やされます。

普段のシャンプーだけでは落としきれない毛穴につまった皮脂汚れをキレイに落としてくれるので、フケやかゆみが改善されて、抜け毛と薄毛予防になります。

ヘッドスパはさらに、頭のコリをほぐして頭皮を柔らかくしてくれるので、美容貯金のためにもぜひ定期的にやるのをおすすめします。

頭皮が硬いと、抜け毛・薄毛・白髪の原因になります。頭皮の血行が悪くなって、栄養が行き渡らなくなるからです。

頭と顔は、皮膚でひとつにつながっています。頭皮が柔らかくなると、血行とリンパの流れがよくなり、顔の血色とつやも改善し、くすみがちな顔が明るくなります。

美容クリニックで肌ドックを定期的に受けましょう

さて、前置きが長くなりましたが、美容クリニックはどうでしょうか。

美容室や歯医者、ネイルサロンへ定期的に通うように、美容クリニックも信頼できるかかりつけ医を見つけて、肌の状態のチェックにぜひ3カ月に1回、定期的に行くことをおすすめします。

定期的に肌をケアすると、今の状態をできるかぎり長くキープする美容貯金が実現します。

美容クリニックでは、肌診断器を使って、キメ、シワ、シミ、シミ予備軍、毛穴を測定し、肌状態を丁寧に診ていく人間ドックならぬ「肌ドック」ができます。

肌診断器では、肉眼ではとらえきれないシミやシワの流れが確認でき、未来のシミとシワの予防、毛穴対策が可能です。

もし小さなトラブルが見つかれば、すぐに処置してもらえ、老化の進行を抑制することにつながります。

日ごろの正しいスキンケアにプラスして、美容クリニックへ定期的に行くことで、自分がもともと持っている本来の美の力が引き出されます。

何歳になっても自分の顔に満足できるもっとも確実な方法――それは、美容のかかりつけ医を持つことです。

美容クリニックですぐできる美容貯金とは？

まずはシワ対策ですぐできることはヒアルロン酸注射です。

私たちの肌のなかにあるヒアルロン酸は、年齢とともに減っていきます。ヒアルロン酸は、肌に直接注射することでほとんどが吸収されます。

注射したヒアルロン酸は、どれくらい持つのでしょうか。

●1年後、10～20％ほど肌に残る

●その1年後に追加注入して2年後、注入前に比べて20～40％肌に残る

●さらに1年後に追加注入して3年後、注入前に比べて50〜60％肌に残る

注入しなければどんどん美容の貯えは減る一方ですが、定期的なケアによって、体内に残るヒアルロン酸量がどんどん増えていきます。

さらに、外から注入したヒアルロン酸は、体内にあったヒアルロン酸を刺激し、自分でヒアルロン酸を作る力を引き出す作用があります。

ボトックス注射も同様のことがいえます。

年をとると目が小さくなっていきますが、目尻のシワにボトックス注射をすることで、筋肉がリラックスしてシワが寄らなくなり、目を開けやすくなります。筋肉はこのリラックスした状態をちゃんと「記憶」しているので、1年経ったあとでもシワは寄りにくく、追加注入することでどんどん目が大きくなっていきます。

美容クリニックへ行ったら、気軽に肌についてなんでも相談してみてください。

「最近、眉間のシワが気になっているんです」

「ほうれい線、なんとかなりますか？」

「10歳若くなりたいんです」

「頬がコケてきて老け顔になってきたんです」

「シミを消したい」

「おでこのシワをなんとかしたい」

「くすみが気になります」

「鼻を高くしたい」

「エラが気になる……」

さまざまな治療法を医師が提案してくれるはずです。私の患者さんは、肌以外の悩みまで相談してきます。肌ドックにいらして、日ごろ溜まっている気持ちをおしゃべりで言語化することによって、こころまですっきりして帰られる方がたくさんいらっしゃいます。

信頼できる美容クリニックの見つけ方

たとえば、「頬がコケてきて老け顔になってきたんです」という方に、第一選択肢として行う施術はヒアルロン酸注射です。

以前、クリニックでこんな方がいました。20年前の自分の写真をバッグから取り出して、

「先生、こっちにも、そっちにも、いっぱいヒアルロン酸を注射して、こんなふうにふっくら若々しい昔の顔にしてください。ほうれい線をなくしたいんです」

といいました。

そういうとき私は、はっきりとお伝えします。

「20年前の顔に戻るのは無理です」

それからつづけて、「でも、10年前になら戻れますよ」と。

はじめ彼女はショックを受けたあと、20年前は無理でも10年前になら戻れることを知り、喜びました。

信頼できる医師は次のように伝えます。

「これは無理です」

「それはよくないからすすめません」

「あなたの顔には合いません」

「そっちの施術よりこっちのほうがいいです」

こんなふうにはっきりいってくれます。

次々いろいろな場所にヒアルロン酸注射をしたがる方には次のように伝えます。

「あっちもこっちもたくさん注射したら、イルカみたいになっちゃいますよ。あなたの顔の造形、脂肪や筋肉の位置、肌の状態などしっかり見極めて、必要な場所と正しい場所にヒアルロン酸を注入していきますから、安心してください。イルカのようにならず、より自然に頬が持ち上がりますよ」

注入が習慣化していると、どうしても「もっとやりたい」と過熱していくケースがあります。

なかには肌がパンパンに腫れてしまっている人もいます。

そんな方には、「もう十分ですよ。治療はもうストップしましょう」とお話しします。


私は、ほうれい線を目立たなくする「今泉式®」を開発しましたが、ほうれい線が刻まれている溝の部分にだけ直接注入することはしません。

ほうれい線の原因をしっかり特定したうえで、適切な注入を行わなければなりません。

使用する製剤の選択から注入する部位、量まで、医師の技術とセンスが求められる治療です。私は、注入認定指導医として、その技術を高めるために海外の方々から日本中のドクターの方々にまで指導しています。

ヒアルロン酸は、膝や肩の関節痛治療など、医療の現場でも広く利用されています。

人体にも存在する成分ですから、アレルギーなどの心配がない製剤です。シワ付近に注射することで、肌に刻まれたシワを目立たなくする治療です。注射だけで施術が完了し、ほうれい線などのたるみ、目の下のクマなどエイジングサインを解消できます。アラガン社のヒアルロン酸を使用すれば、12カ月ほど効果は持続します。

信頼できる美容クリニックを見つけるなら、アラガン施注資格認定医またはガルデルマ社から注入認定指導医の任命を受けている医師であるか、確認しましょう。

私は、美容クリニックの医師に必要なことは、次の4つだと考えています。

①知識

顔の中の血管や筋肉、脂肪、神経のことなど、解剖学的な知識をしっかり持っていること。もちろん薬剤の知識も必要ですし、世界で発表されている美容にまつわる最新の研究論文などの知識も重要です。

知識のない医師であれば、顔が腫れてしまったり、重篤な副作用を招くリスクがあります。

②コミュニケーション力

話をちゃんと聞いて、求めていることに対してどのような施術法がふさわしいのか適切に判断して提案してくれること。意思疎通がストレスなくでき、聴く力が高く、筋道を立ててわかりやすく説明する力、質問する力など、信頼関係を築くうえで必要な能力です。

③美的センス

施術には技術だけではなく、センスが必要です。顔の黄金バランス（髪の生え際から眉頭の下、眉頭の下から鼻の下、鼻の下からあごの長さが1：1：1）を理解していること。

美しい顔、好印象を与える顔について理解していることが重要です。

④技術力

経験が豊富であること。リスクへの対応がしっかり行えること。

海外では、皮膚科や形成外科、眼科、耳鼻科、歯科の医師が美容医療の看板を掲げていますが、日本では、内科や脳外科医、精神科のドクターでも美容医療を行っています。

口コミやインターネットで情報を得たら、実際に予約をとって行ってみましょう。その際、見るポイントは次の4つです。

- 心地よく治療が受けられる雰囲気か
- スタッフの対応はどうか
- 医師は相談にちゃんとのってくれるか
- 治療方針を納得できるようにわかりやすく説明してくれるか

この4つを自分自身で判断しましょう。

よく私が思うのは、「患者さんの悩み」と、「医師が施術したほうがいいと感じる箇所」にはギャップがある場合が非常に多いことです。

もしも治療方針に納得しない場合や、「なんか違うな」というちょっとした違和感を覚えたら、遠慮なく次のように伝えてください。

「今回はやめておきます」

「ちょっと考えてみます」

「娘と相談してみます」

口実はなんでもいいのです。きっちり伝えて、遠慮なく帰りましょう。


私は、このギャップをきちんと埋めるのを治療の信条にしています。もしもギャップが埋まらない場合は、「特別になにか施術しなくても、大丈夫ですよ」とお伝えします。

うちのクリニックでも、施術せずにカウンセリングだけで帰る患者さんもよくいらっしゃいます。

美容クリニックと皮膚科の違い

皮膚科は、炎症や痛み、かゆみなどによる皮膚疾患を治すのが目的です。

かぶれやじんましん、ヘルペス、アトピー性皮膚炎などは皮膚科に行きます。

一方、美容クリニックは、美しい肌を作るのが目的です。

シミやそばかす、毛穴の開き、シワ、ほうれい線などは疾患とは違うので、皮膚科では治療しませんが、美容クリニックはすべて治療対象となります。

ニキビを例にわかりやすく説明してみます。

ニキビを治すのは皮膚科。

ニキビの予防&ニキビ跡をキレイにするのは美容クリニック。

皮膚科は、皮膚疾患の治療を行うので、保険が適用されます。そのため提供される薬も使用できる機器も限定されています。

一方、美容クリニックは美しい肌を作るのが目的ですから、保険適用外の場合が多くなります。

薬・サプリメント・医療部外品の処方から、使用する機器のすべては美容のために特化し、肌の悩みに合わせてさまざまな治療方法を提供します。

よく間違えられがちなのが美容外科と美容クリニックです。

美容外科は、メスを用いた外科手術が認められ、二重まぶたや鼻を高くする隆《りゅう》鼻《び》術などがあります。メスを入れるのはコワイ、という方は美容クリニックであれば心配いりません。

「鼻を高くしたい」

「エラが気になる」

そんな方にも、外科手術をせずに美容クリニックならではの方法で叶えることは可能です。

美容クリニックとの上手なつき合い方まとめ

- 信頼できる「かかりつけの美容クリニック」を見つける
- 肌ドックのために、美容クリニックを定期的に利用して美容を貯金する
- 雰囲気や治療方針など合わなかったらカウンセリングだけで帰る
- ヒアルロン酸注射でケアすれば、3年後は50〜60％肌に残る

Part 5

１０歳若返るための生活習慣

11 体を動かして「いい汗」をかく

運動をして汗をかくのは肌にあまりよくない　↓　×

肌ケアで大切なことは、正しい紫外線対策・保湿・洗顔の3つです。

そして、もうひとつ日々の生活のなかで肌のために忘れてはならない大切なことがあります。

それが「代謝」です。

年々、基礎代謝は減少していきますが、できれば1日1回、汗をかきましょう。

汗をかくと体内の老廃物が排出される究極のデトックスになります。

新陳代謝が上がり、肌のターンオーバーも整います。

汗には肌の潤いに欠かせない天然保湿因子（19ページ）が含まれています。天然保湿因子が、角質層に水分をしっかり保持させます。

汗のほとんどを占める水分は蒸発していきますが、天然保湿因子は角質にとどまり、肌の潤いを保ちます。

かいた汗と皮脂腺から出る皮脂は、表皮の上で混ざり合って皮脂膜が作られます。これが皮膚の表面を覆って、肌を外部からの刺激から守ります。

「いい汗」はエクリン腺という汗腺から出て、水のようにサラサラしてすぐに蒸発しやすいのが特徴です。

汗となって排出される前に、必要なミネラル成分が血液で再吸収されるからです。そのため雑菌が繁殖しにくく、肌荒れを起こしにくい汗です。

一方、悪い汗は、緊張したときやストレスを感じたときにアポクリン腺から出ます。ベタベタしていて、汗とともにミネラル成分も排出されるので、蒸発しにくく、雑菌も繁殖しやすい状態です。

ときどきサウナに行って汗をかいて体を「ととのえる」ことや、シャワーだけでなく湯船にゆっくりつかって汗をじんわりかいたり、積極的に汗をかくようにしてください。

また、温められた岩盤の上で寝転がって体を温める岩盤浴も、「いい汗」をかくことができます。岩盤から発せられる遠赤外線の効用で、体の深部が温まり、じわじわっと汗をかくので気持ちいいものです。

散歩も、ただゆっくり歩くのではなく、3分速歩きして、3分ゆっくり歩きなど、メリハリをつけて歩くのがおすすめです。

速歩きをすると心拍数が上がり、汗をかきやすくなります。

3分速歩き&3分ゆっくり歩きは、インターバル速歩《そくほ》といわれ、年齢とともに落ちる筋力と持久力を高めます。

10分ストレッチで10歳若返る

私は寝る前に毎晩、肩甲骨まわりをほぐしたり、骨盤まわりをほぐしたり、ストレッチをしてから寝るようにしています。

私が毎晩やっているおすすめのストレッチを2つ紹介します。

ストレッチには体全体の血流を促す作用があります。そのため肌のターンオーバーを正常化させることにつながります。

凝りかたまった筋肉をほぐし、ストレスを癒やし、関節の可動域をアップさせ、むくみを取り、美肌を作ります。

「ストレッチって、本当に効果があるの？？」

そんなふうに思っていた私ですが、ストレッチにはものすごい美肌効果があるのです。

朝起きれば目覚めのストレッチ、質の高い睡眠をとるために寝る前のストレッチは毎日欠かさずやっています。

ストレッチをすると、肌がものすごくキレイになるんです。


朝は、「ふぅー」と息を吐きながら、手と手を組んで上へぐーんと背伸び。

そのまま上に伸ばした腕を右横へ左横へ。

それから右ななめ後ろ・左ななめ後ろへひねる。

こんなふうに縮こまった筋膜をゆるめて、リリースします。

ひねりを加えると腸への刺激になって便通を促します。ぜひ毎日の習慣にしてください。

上手な汗のかき方まとめ

- 湯船につかって温まる
- サウナでととのえる
- 岩盤浴で体の深部から温まる
- ストレッチをする

12 質の高い睡眠が美肌を作る

夜ちゃんと眠れないが、昼寝をしているから問題ない　↓　×

睡眠は美肌と健康を守るためにとても大切です。睡眠中は、脳のゴミや毒素、老廃物ともいわれているアミロイドβというタンパクを脳脊髄液中へと洗い流します。

このデトックスによって、アルツハイマー病の原因を取り除くといわれています。

また、睡眠中は、記憶を整理し、定着と保持が行われ、必要に応じて不要なものは消去されているといわれます。

ぐっすり眠れた翌朝は、すっきりして嫌なことを忘れてしまい、前向きな気持ちになります。これは睡眠の素晴らしい効用です。

睡眠中は、美容にとって非常に重要な「成長ホルモン」と「メラトニン」が分泌されます。

この2つのホルモンパワーが睡眠中に発揮されれば、夜寝るたびに美容貯金を増やすことができます。

●美容に欠かせないホルモン①　成長ホルモン

成長ホルモンは、成長期の子どもにとって身長を伸ばすうえで大切なホルモンです。子どもだけではなく、大人にとっても骨の健康を維持するためにも重要な役割があります。

骨の健康以外にも、脳の認知機能の維持や免疫機能の促進、体脂肪の減少、糖代謝のコントロール、筋肉量の増大などの働きもあります。

まとめると成長ホルモンには次のような働きがあります。

- 壊れた筋肉細胞を新しく再生して、筋肉の成長を促進
- 皮下組織の水分を保ち、肌に潤いが出る
- 日中浴びた紫外線で壊れた肌細胞を新しく再生
- 皮膚細胞の分裂と再生を促進し、ターンオーバーを促す
- 壊れた免疫細胞を新しく再生。免疫力が高まり、風邪をひきにくくなる
- 壊れた内臓の細胞を新しく再生。より健康になる
- 脂肪を分解して体脂肪を減少させる

成長ホルモンは、入眠して約3時間（深く眠っている時間）の間に大量に分泌されます。昼寝などのような浅い眠りではほとんど分泌されませんから、眠り始

めの3時間でぐっすり深く眠ることが大切です。

●美容に欠かせないホルモン② メラトニン

メラトニンは別名「睡眠ホルモン」ともいわれています。メラトニンのサプリメントは、睡眠のリズムを整える効用があり、睡眠の質を高め、時差ボケの改善にも使用されています。

日本ではメラトニンのサプリメントの販売は認められていないので、個人での輸入または医師の処方が必要です。

また、メラトニンには体を錆びつかせない強力な抗酸化作用があり、その力はビタミンCやビタミンEよりも優れ、「若返り効果」が期待できるものです。

体内に活性酸素が増えると、肝臓でアポトーシス（細胞の自殺）が増えるという研究結果が報告されており、年老いたラットにメラトニンを飲ませる実験では、肝細胞のアポトーシスが減ることが確認されています。

メラトニンをしっかり分泌させるには、朝、目覚めて光を感じたときに分泌されるセロトニンが重要です。セロトニンは別名「幸せホルモン」といいますが、メラトニンはセロトニンを材料にして作られます。

セロトニンには次のような優れた作用があります。

- ノルアドレナリンなどを制御し、精神的安定をもたらす
- 睡眠を促す
- 成長ホルモンの分泌を促す
- 細胞の新陳代謝を促す
- シワ、シミなどの原因となる活性酸素から体を守る
- 免疫力を高める

朝食でおすすめはトリプトファン

朝食で美肌におすすめの食材は、納豆やチーズ、ヨーグルト、卵、バナナです。これら乳製品や大豆製品、ナッツ類などにはトリプトファンが含まれるからです。

トリプトファンは牛乳から発見されたアミノ酸です。脳に運ばれるとセロトニンを生成します。セロトニンは起床後に分泌され、14〜16時間後にメラトニンに変わります。

朝6時に起きた場合、20〜22時くらいに眠くなるのが本来の体内リズムです。

トリプトファンが多く含まれている食材

大豆製品　豆腐・納豆・みそ・しょうゆ
乳製品　チーズ・牛乳・ヨーグルト
穀類　米・パン・パスタ
その他　卵・バナナ・アボカド・ごま・ピーナッツ

セロトニンが不足すると、睡眠障害やうつ状態、不安感などが高まります。朝ごはんでは、ぜひ美肌のためにもトリプトファンをとりましょう。

ターンオーバーのリズムを乱す最大の原因が睡眠

また、睡眠中は女性ホルモンのエストロゲンが分泌されます。エストロゲンは、コラーゲンやヒアルロン酸の体内での合成を促します。

これだけは絶対に守ってほしいのは、どんなに疲れていても、メイクをしたまま寝ることだけは絶対にNGです。肌にファンデーションやベースメイク、日焼け止めなどがついたまま寝ると、それが「悪いフタ」となって、古い角質やメラニンが排出できません。

年齢とともにターンオーバーの周期は長くなる

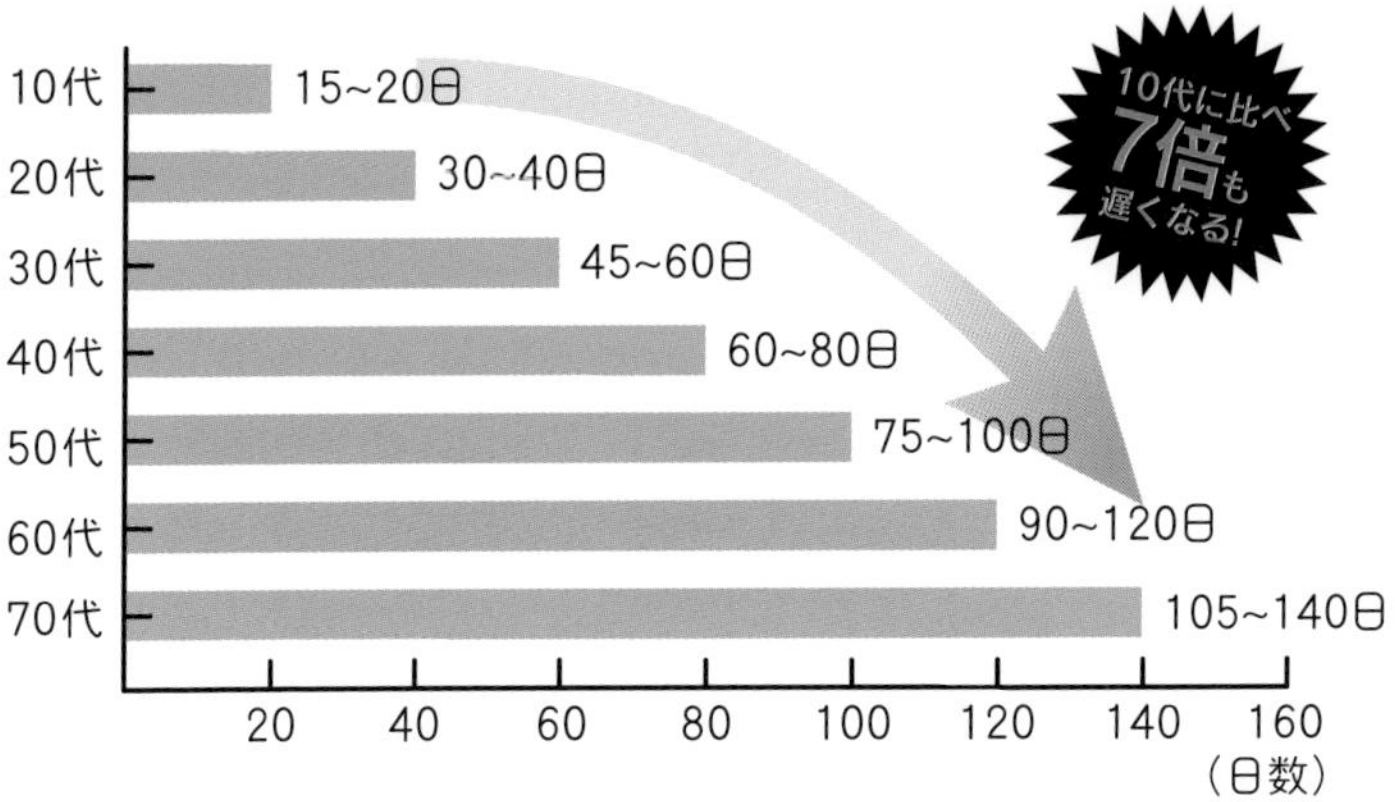

「悪いフタ」は、シミやくすみ、たるみの原因になり、ターンオーバーによって肌が生まれ変わるのを阻害し、老化を進行させます。

フタをするなら、汚れと皮脂などをしっかり洗い落として、美容液やクリームで「良いフタ」をしましょう。

20代前半であれば30~40日ほどのサイクルですが、年齢とともにターンオーバーの周期が長くなり、年齢×1・5倍という計算式があります。

前のページのグラフにあるように、年齢とともにターンオーバーの周期は長くなっていきます。

● 10代　15～20日
● 20代　30～40日
● 30代　45～60日
● 40代　60～80日
● 50代　75～100日
● 60代　90～120日
● 70代　105～140日

ターンオーバーを乱す原因は次の3つです。

1 紫外線
2 生活習慣の乱れ

3 間違ったスキンケア

肌の老化の原因の8割が光老化です。

紫外線を浴びると、ダメージを受けた肌がターンオーバーを早めようとします。すると新しい皮膚ができないまま角質がはがれ、その結果、角層が厚くなってしまいます。

生活習慣の乱れのなかでもいちばんターンオーバーのリズムを乱す原因となるのが睡眠です。

睡眠の質を高める快眠ストレッチ

快眠ストレッチで、寝ている間に
寝返りしやすくなるように、体を整えます。
寝返りは、体にかかる圧力を分散し、
筋肉が硬くなるのを防ぎます。

1

床に座り、腰幅以上に
脚を開いて、両ひざを
立てる。

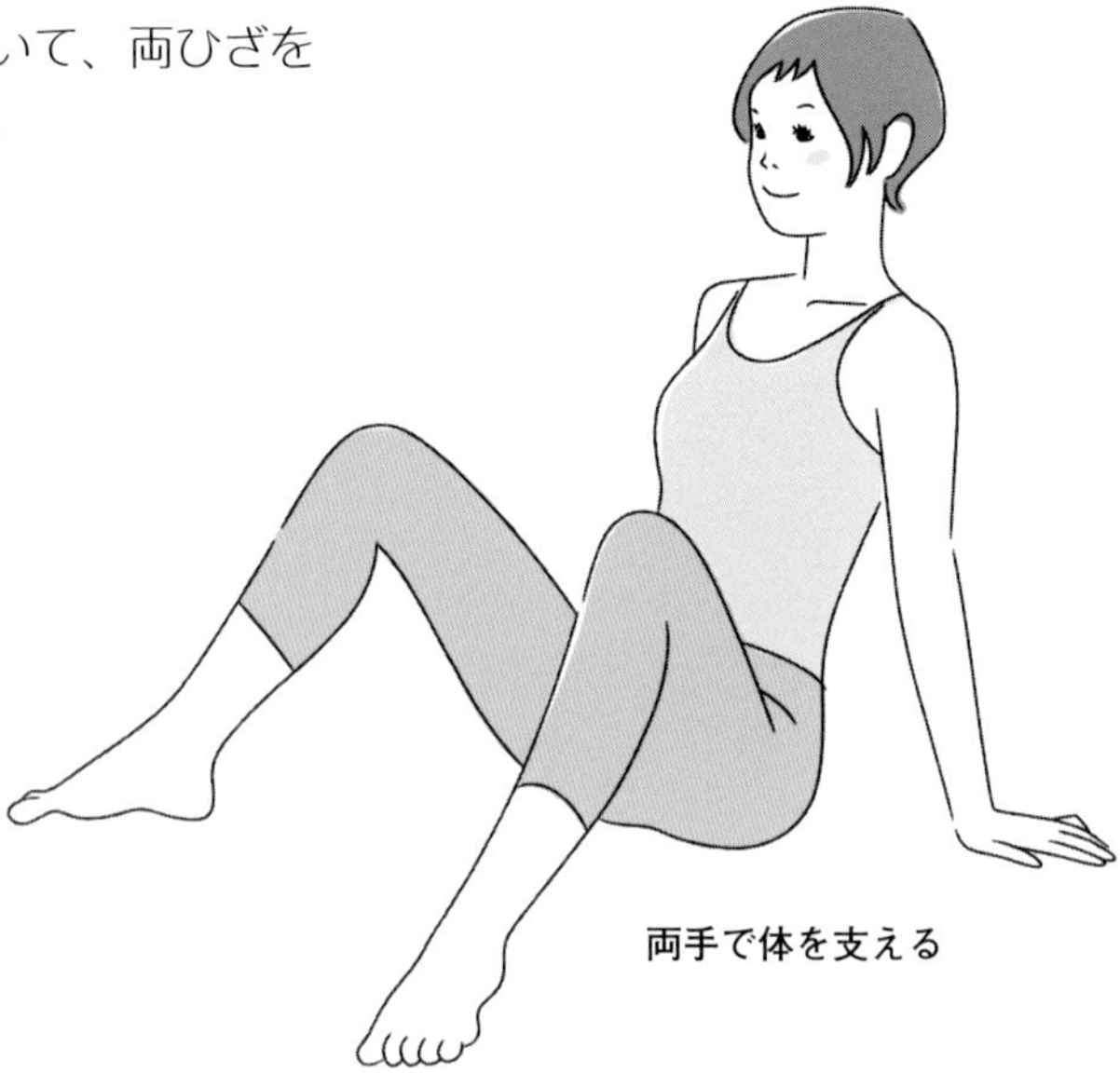

両手で体を支える

2

両ひざをゆっくり左右へ倒す。

寝る前に
1分くらい

寝返りを促すストレッチ

寝返りがうてないと、
体の一部分ばかりに負担がかかり、血行不良に。
腰痛・頭痛・肩こりの原因になり、
疲労が回復しにくく、睡眠の質も低下します。
寝る前にしっかり骨盤まわりをほぐしましょう。

1

仰向けに寝て、両ひざを立てる。
両手は体から離して床に向ける。

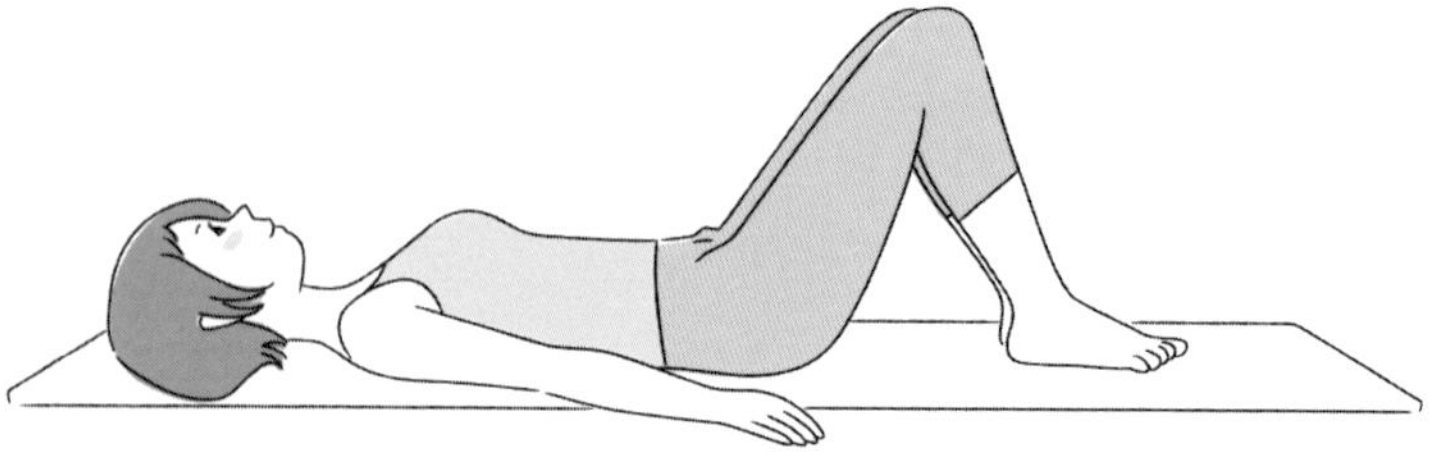

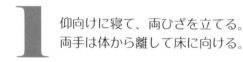

**左右
交互に10回**

2 両足はくっつけたまま力を抜いて、
左右へ交互に倒す。

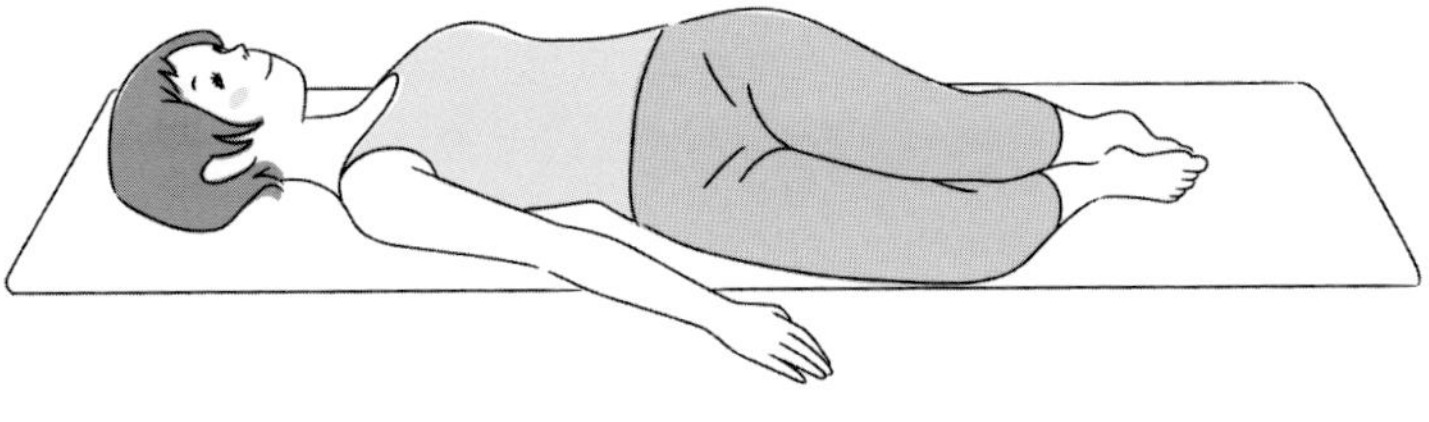

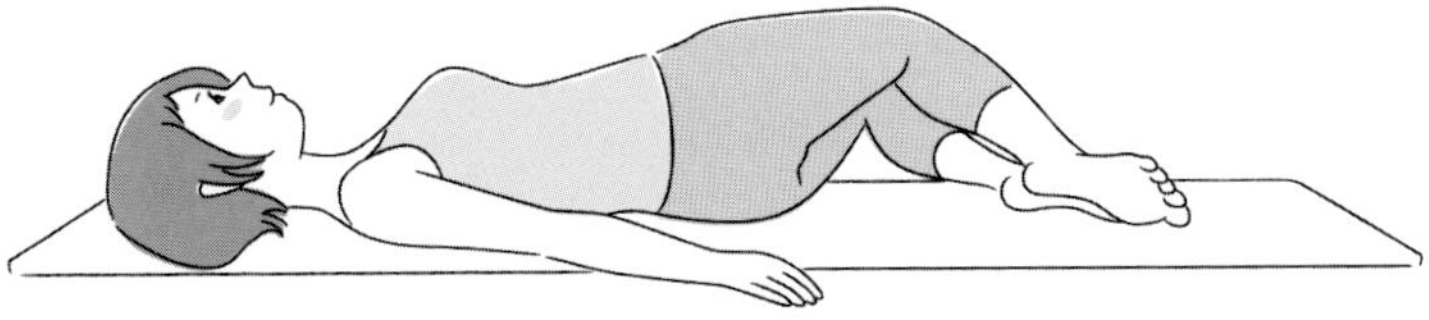

私は、ストレッチを毎日の習慣にしています。寝る前に行うと、副交感神経系が優位になって、本当によく眠れます。

アスリートが運動後にクールダウンとして、静的ストレッチをするのは、筋肉の緊張をやわらげ、老廃物を流れやすくして、疲労の回復を促すからです。

ストレッチのメリットまとめ

- 血行促進&新陳代謝の活性化で、美肌効果が期待できる
- 顔のくすみやむくみを軽減
- 筋肉の柔軟性が高まって、関節の可動域がよくなる
- 免疫力アップ
- リラックス作用

Part 6

４０歳になったら始める美容貯金

40歳になったらアートメイクがおすすめ

患者さんによく相談されることがあります。

「年とともに目が小さくなってきたので、なんとかできませんか？」

「アイラインを入れようとしても、皮膚がヨレてうまく描けないんです」

こんなふうに、目もとまわりの相談です。

目が小さくなる原因のひとつに、眼瞼下垂《がんけんかすい》という病気があります。まぶたが下がり、視界が狭くなって見えにくくなる病態です。生まれつきの方もおりますし、年齢とともに上まぶたを上げる筋肉や腱《けん》が弱くなったり、はがれたりするものです。眼瞼下垂は病気ですから、保険が適用されます。

皮膚がヨレてアイラインがうまく描けない方には、「アートメイク」をおすすめします。アートメイクは、表皮の０・０２〜０・０３ミリほどの皮膚の浅い場所に色を入れていく施術です。

私のクリニックは、医療機関ならではの濃度の高い塗る麻酔を使用し、極力、痛みが少なくなるように施術しています。

よく真皮まで色を入れる刺青《いれずみ》と勘違いされるのですが、まったく異なります。永久に色が残るわけではなく、数カ月から数年で薄くなっていくのが特徴です。

もちろん水では落ちないので、プールや海、温泉、ジムなどで、ポイントメイクが落ちることを気にしなくてすみます。汗や皮脂でもにじむことなく、美しいポイントメイクが実現します。

アートメイクは次のような方におすすめの施術です。

- 年々、老眼が進んでメガネなしでメイクするのが難しい
- 細かいメイクが苦手になってきた
- メイク直しのわずらわしさから解放されたい
- 目もとまわりのクレンジングで、摩擦による負荷を減らしたい

メイクは全部よりポイントで魅せる

アートメイクは医療行為でありながら、その方の顔立ちに合った自然で美しい形を追求して決めていく美的センスも同時に求められます。

私のクリニックでは、美容皮膚科勤務18年というキャリアを持つ優秀なアートメイクアーティストがいます。「自然でさりげない」「すっぴんより美しい」と人気を呼び、男女問わず全国から指名が入ります。

メイクで大切なことは、全部ではなくポイントが重要です。目なら目、口なら口、輪郭なら輪郭。自分のチャームポイント（「はじめに」でお伝えしたキラーパーツ）をいかに魅《み》せるか。

全部バッチリとメイクしすぎると老け顔になることもありますし、目がパッチリしすぎると、クマを逆に目立たせることもあります。

100均のシートマスクはすごい

コンビニエンスストアや100円ショップのスキンケアコーナーで、さまざまな種類のシートマスクが売られています。

100円ショップで購入したシートマスクを実際に使ってみると、思った以上に効果が高く、そのクオリティーの高さに驚きます。

高価なマスクを1カ月1回使うより、プチプラ（手頃な価格のプライス）のシートマスクを1週間に2～3回、使うほうがおすすめです。

選び方は、自分の肌の悩みに合わせて購入しましょう。

● 潤いがほしい。小ジワを改善したい
● 美白したい
● シミが気になる

● 毛穴を目立たなくしたい……など

美容成分がたっぷり染み込んだシートマスクは、密閉して角質層にしっかり栄養成分を届けて、肌を集中的にケアしてくれます。

使用する時間は、基本5分です。長ければ長いほどいい、と思っていませんか？長く肌の上にシートマスクをのせていると、シートに含まれる水分が蒸発していく際、肌の水分も一緒に蒸発してしまいます。

裏の説明書きに10分と書かれていても、5分くらいで十分です。長くシートマスクをすればするほど乾燥が進み、肌の老化を促進させて小ジワを増やします。

マスクをはずしたら、乳液やクリームで水分蒸発を防ぎ、潤った肌にしっかりフタをしてエモリエント効果を高めましょう。

美顔スチーマーを上手に活用

今、スチーマーが人気です。

乾燥の季節はお部屋の湿度を適切に保つために加湿器を使う方も多いと思いますが、フェイス用のスチーマーの多くは微細な粒子がナノレベルで噴出します。クレンジングをするときに使用すると、肌を温めて毛穴が開いた状態でディープクレンジングしてくれます。

血行促進の効果も期待でき、くすみやむくみの軽減も期待できます。化粧水、美容液、クリームなどのスキンケア製品の浸透性を高める効果もあります。

スチーマーの使いすぎは禁物

次のやり方はむしろシワの原因になるので注意しましょう。

●ひと晩中スチーマーをつけながら寝る
●オフィスのデスクなどで長時間にわたってスチーマーを肌に直接当てる
●スチーマーをかけたあと、なにもケアをしない

毎日使ってもいいのですが、1回に使う時間は10分くらいにしましょう。長時間使い続けていると、角質層がふやけて、潤いが蒸発しやすくなります。スチーマーを当てっぱなしにすると、肌はそれが当たり前になり、水分が与えられる状態に慣れてしまいます。すると肌が本来持っている保水する働きが鈍くなってしまいます。

スチーマーのかけっぱなしは絶対に禁物。肌が余計に乾燥し、シワを招きます。スチーマーを使ったあとは、乳液やクリームでしっかり油分を肌に補い、角質層を守りましょう。

美肌のためのサプリはビタミンDAKE

ビタミンは、三大栄養素の糖質・タンパク質・脂質の代謝を助ける潤滑油のような役割があります。

ビタミンがないと体の機能がスムーズに働きません。ビタミンは血管や粘膜、皮膚、骨などの健康を保ち、新陳代謝を促す働きに関わっています。

ビタミンには、水溶性と脂溶性があり、前に紹介したビタミンCは水溶性です。そして、美肌のためにおすすめのサプリが脂溶性のビタミンDAKE《だけ》。覚え方は「ビタミンだけ」です。

これらは自分の体内では作られないため、サプリでとるしかありません。化粧品に関しては高価なものは不要ですが、サプリは別です。高いものは、有効成分が多く含まれます。

ビタミンDAKEの働き

●ビタミンDを含む食べもの

レバー、マグロ、イワシ、カツオ、天日干し椎茸、卵黄など

ビタミンDは、腸管からのカルシウムとリンの吸収を促進し、骨を再構築するビタミンです。ほかにも風邪やインフルエンザの予防、糖尿病の予防、がん・心臓病・脳卒中の予防、肌荒れの改善などさまざまな効用があります。

若いころからビタミンDが不足していると、女性は閉経後に骨粗しょう症を招きやすくなります。骨密度は、20歳をピークに40代くらいまでは維持しながら、その後、徐々に下降線をたどります。

ビタミンDのなかでも、お肌のためにD3はぜひとってください。私も積極的にビタミンD3をとっています。

●ビタミンAを含む食べもの
レバー、バター、卵黄、ニンジン、ウナギ、ほうれん草など

体内の活性酸素の働きを抑える高い抗酸化作用を持つビタミンAの主要成分は、レチノールです。

目や皮膚の粘膜を健康に保ち、抵抗力を強める働きがあります。レチノールが上皮細胞で発がん物質による作用を軽減するといわれています。

レチノールは、DNAレベルで肌の回復力を高めます。2017年に厚労省がレチノールを医薬部外品成分として「シワ改善の効果がある」と認めて以来、認知度の高い美容成分となりました。

●ビタミンEを含む食べもの
卵、アーモンド、ウナギ、大豆、オリーブオイルなど

ビタミンEは、肌の潤いを保つために必要なバリア機能を安定させて、紫外線や外的刺激から肌を守ります。また、血行促進作用があり、皮膚の新陳代謝を高め、メラニンの排出を促します。

強い抗酸化作用を持ち、加齢によって発症しやすい動脈硬化や血栓、高血圧などを予防することから、「若返りビタミン」ともいわれています。

ビタミンAやカロチノイドといったほかの抗酸化物質の酸化を防ぎ、細胞の老化を防ぎます。

50歳を過ぎたら、1日1500キロカロリー

食べるのを我慢するのは大きなストレスになるので、私はクリニックのスタッフと一緒に甘いものも食べますし、ジャンクフードもけっこう好きで、お酒も飲みます。


食事で大切なのは、カロリーコントロールです。

50歳を過ぎたら、ぜひカロリーコントロールをしてください。

フランスのある実験によると、1日の摂取カロリー総量を約30%少なく制限したネズミキツネザルが、カロリー制限しない個体に比べて、老齢期になっても身体的により若々しく、がんや糖尿病などの病気にかかる確率も低いという結果でした。

実際、私のクリニックにいらっしゃる１５００キロカロリーに制限している患者さんは、ものすごく見た目も若いのです。１カ月に１日、ダイエット効果を促すチートデイ（好きなものを自由に食べていい日）を作って、ストレスも上手に発散しています。

ネズミの実験にしても、ケージに７匹ギューギューにつめこまれたほうは、ストレスで毛が生えてきません。ケージに３匹のほうは、毛がフサフサで、肌がつやつやです。

重要なのは、ストレスを上手に回避する方法を身につけること。

「自分はなにが好きか」「なにをしているときが楽しいのか」「なにをやりたいのか」をときどき立ち止まって見つめてみましょう。

寝る前の呼吸でリラックス

ストレスがあると、無意識のうちに体に力が入ってしまいます。筋肉が緊張状態だと、交感神経が優位になって眠れません。そこでおすすめの呼吸法を紹介します。

①息をゆーっくり吸っておなかを「ぷー」っとふくらませます。
②「ふぅー」と吐くときにおなかをしぼませ、お尻の穴をギュッと締めます。
③もう一度、息を吸うとき、全身を緩めます。

体質を改善する高い効果があり、骨盤底筋が鍛えられることで、尿もれと痔《じ》を予防・改善します。次のページでやり方を紹介します。

体質改善の高い効果がある
リラックス体操

1 ひざを立て仰向けに寝る。

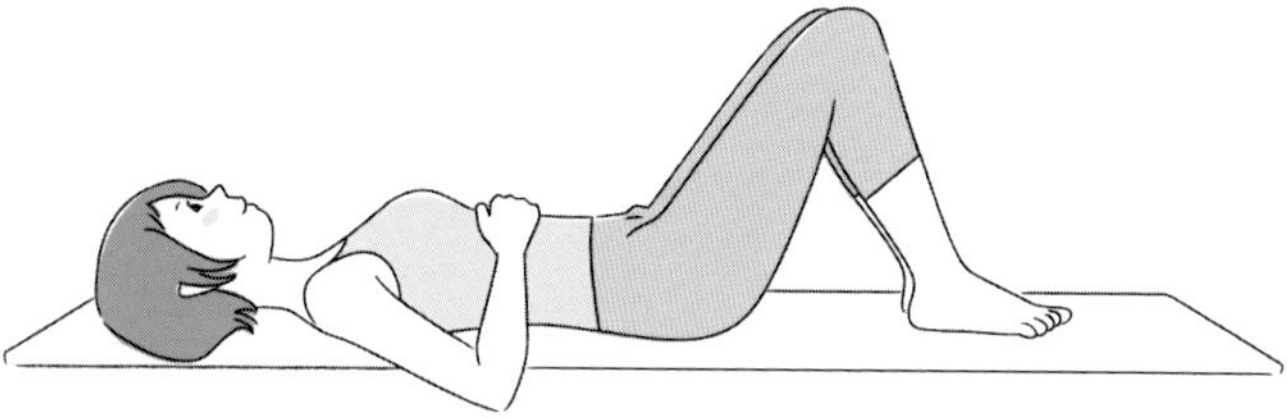

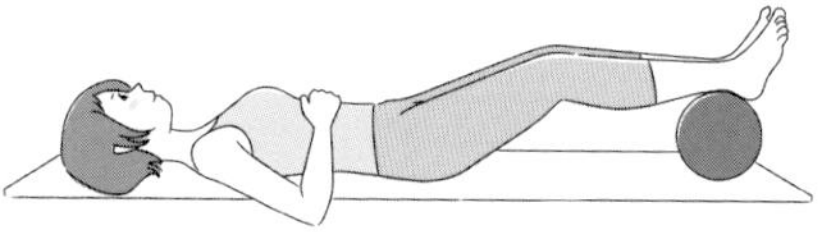

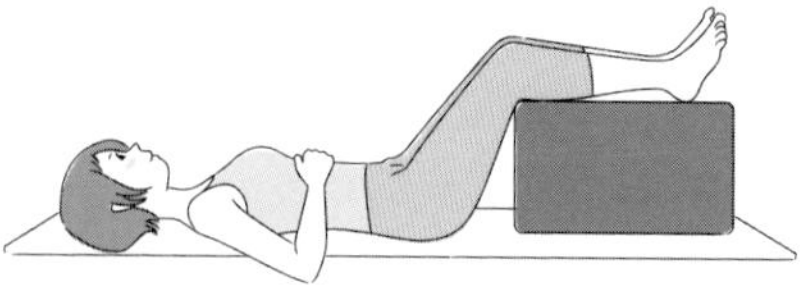

仰向けに寝て、ひざを立てます。あるいは、丸めたバスタオルの上や少し高く（15～20cm）上げても。両手はみぞおちの上に。

20回1セット
毎日3セット

2 息を吸っておなかを
ふくらませる。

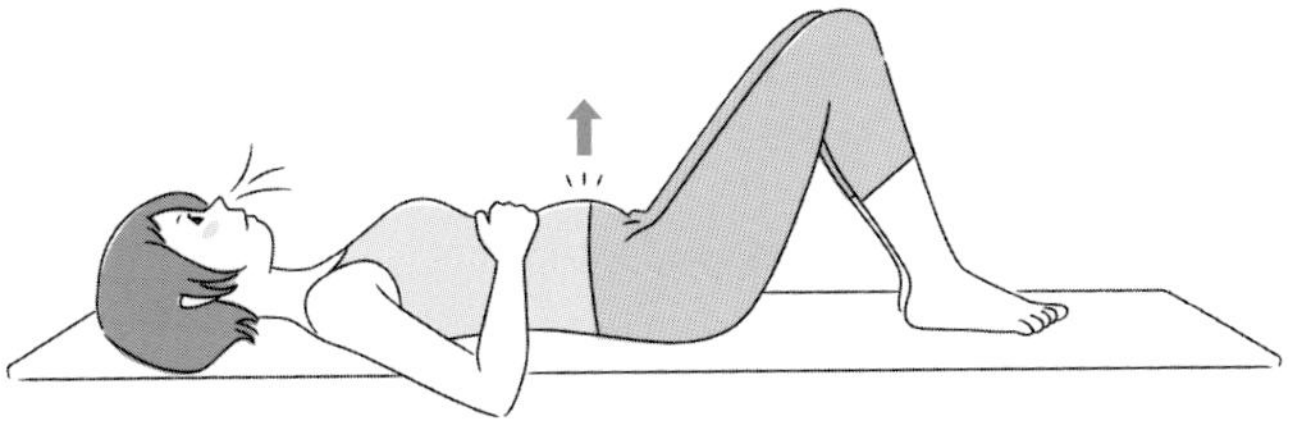

3 息を吐くときにおなかを凹ませながら、
お尻の穴をギュッと締める。

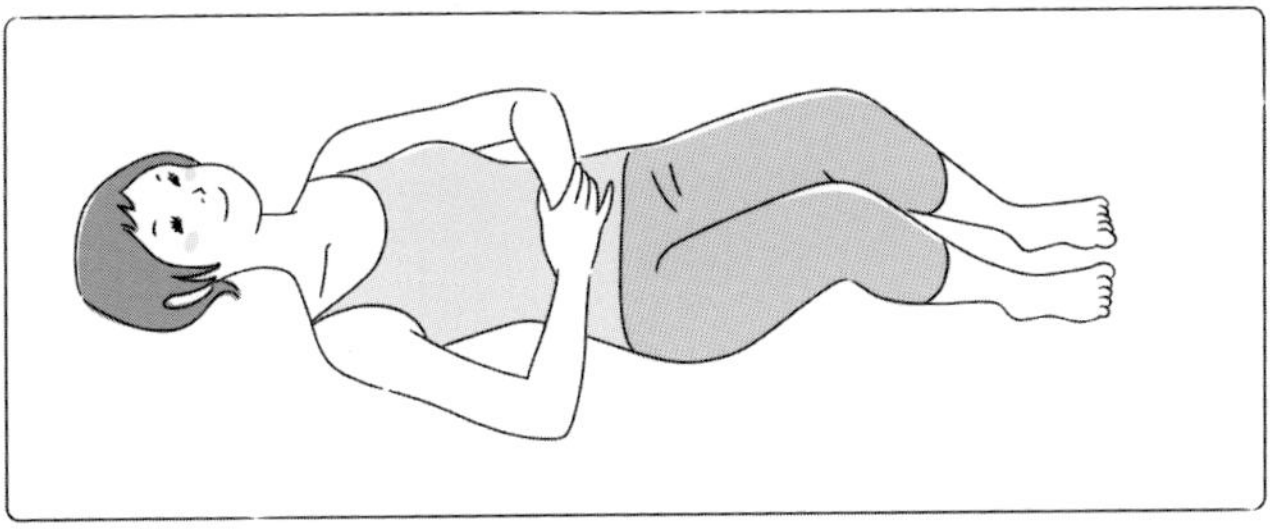

次に息を吸いながら、ゆったりと緩めます。
力を入れて開こうとせず、緩めるだけでOK。

3カ月の集中ケアで10年前の肌へ

だれもがシワやたるみのない健康な肌を維持したいのですが、女性は閉経を迎えると、卵巣機能が低下し、卵巣で作られていた女性ホルモン「エストロゲン」が急激に減少します。

エストロゲンには、血管をしなやかにし、自律神経の調整や骨量の維持、血中コレステロールの調整など、さまざまな作用がありますが、肌の弾力や潤いを保ってくれるのもエストロゲンです。

人生100年時代、肌にも〝健康寿命〟が求められるようになってきました。これからはますます、肌の健康寿命を守り育てる「肌育」が大切です。

肌の〝健康寿命〟を保つなら、集中的に自分の肌へ投資しなければいけない時期があります。70代で投資しても手遅れではありません。

1年間、半年、あるいは3カ月でも、美容クリニックで集中的に肌育を行うと、肌自身が忘れていた機能を全部思い出していきます。

美容クリニックは、患者さん本人が本来持っている自然治癒力を発揮させるお手伝いですから、肌がいったん本来の機能を思い出したら、あとはゆっくり普段のスキンケアへと戻していけばいいのです。戻す間に、美容はどんどん貯えられていきます。たとえば次のような集中ケアがあります。

●フォトフェイシャル

コラーゲンの生成をサポートし、肌のハリやつや、手触りを改善します。ダウンタイムもほとんどなく、シミやニキビ跡にピンポイントで照射できます。

●ケミカルピーリング

普通の洗顔では落としきれない古い角質を、弱酸の作用で溶かして落とします。ニキビやオイリー肌を改善したり、毛穴を小さくしたり、くすんだ肌色を明るくしたりもできます。手触りのいい、もっちりとしたスベスベの肌に整えます。

●ボトックス注射

シワ取りと若返りを行う治療です。筋肉の緊張を和らげる作用があり、「表情ジワ」の原因である表情筋の働きを緩和し、シワを解消します。

●ヒアルロン酸注射

目尻のシワやほうれい線を消すだけではなく、目の下のクマやこけた頬、たるんだフェイスラインなど、皮膚を「面」で持ち上げるのが特徴です。

例えるならば、しぼんでしまった風船に空気を入れて、ハリを出してふっくらさせるイメージです。

若いころの自分の偶像を捨てる

年をとって老いることに不安を感じますか。

シワ、シミ、たるみ……。老けていく自分を受け入れられない気持ちはよくわかります。

年齢に抗うのではなく、考え方を少し切り替えて、ぜひエイジングを楽しんでみてください。

年齢とともに、体型が変われば、若いころに買った服は似合わなくなります。逆に若いころ似合わなかったのに、今なら似合う服もあります。

老眼になったり、白髪が増えたり、耳が遠くなったり、歩く速度が遅くなったり。これらエイジングの現実を否定すると、大きなストレスになります。

ストレスがあるネズミは、毛が生えてこないお話をしましたが、ストレスは老化を早めます。

私自身、エイジングを否定せず、３６５日を楽しみ、嫌なことがあったら、よく寝て忘れ、楽しくない日があっても楽しいことがちょっとでもあれば嬉しい、と思うようにしています。そういうメンタルは、肌に正直に表れるのです。

うちのクリニックでキレイになったのに、いつまで経っても満足しない方がなかにはいます。前よりものすごく肌はキレイになっているにもかかわらず、不満げです。

不満を持つのではなく、年を重ねながら楽しく生きている。そういう方は、それだけですごくキレイになります。

おわりに

人生に意味がないことは起こらない。

そう教えてくれたのは、留学でアメリカへ初めて到着した真冬の日、スーツケースを盗まれて困っている私に温かいコーヒーをごちそうしてくれたホームレスの男性でした。

「ホームレスになったことは、ものすごくしんどい。だけど、きっとなにか意味があると思っているんだ」

彼は私にそういったのです。あのときの温かいコーヒーは今でも忘れられません。

人生に意味がないことは起こらない。

私もそう感じています。嫌なことも、つらいことも、きっとそのことにはなにか意味があるのです。

つらい思いをしたら、つらい思いをしている人の気持ちがよくわかります。つらい思いをしなければ、きっとわからないですよね。

私は、若いとき、アトピーに悩まされました。アトピーを治したくて皮膚科に行きましたが、キレイに治りませんでした。アトピー性皮膚炎だと肌の水分量が3分の1くらいしかなくて、乾燥してバリア機能も崩れています。

しかし、美容クリニックであれば、アトピー痕を限りなくゼロにすることができることを知りました。赤みや色素沈着などの肌トラブルの痕をキレイにするとき、大きな力を発揮するのが「美容クリニック」です。

肌がものすごく弱かったので、正直にいえば、美容クリニックに行くのは少し勇気が要りました。ところが、肌が弱いながらも施術を受けているうち、皮膚の抵抗力がつき、肌がどんどん強くなっていったのです。

「皮膚って、本当に賢い臓器なんだな」と実感しました。肌は手をかけると、かけた分だけちゃんと応えてくれるのです。

皮膚科ではキレイにならなかったアトピー痕が、どんどんキレイになっていく自分の肌に「ありがとう」といいたい思いでした。

「健康な肌、キレイな肌になりたい」。その思いが、私が美容皮膚科医になるきっかけでした。人生に意味がないことは起こらない。確かにその通りですね。

美容クリニックは、患者さん本人が本来持っている自然治癒力を発揮させるお手伝いをするところです。

肌はよく「健康の指標」といわれます。それもひとつの真理ですが、それだけではありません。

肌は「幸せの指標」そのものです。

肌がつややかだと、幸せな人に見えます。私は、人から幸せに見える人になりたい、と思いました。なぜなら不幸そうな人は相手に不幸を、幸せそうな人は相手に幸せを与えるからです。

それはクールビズと原理は同じです。

真夏の太陽が照りつける暑い日、スーツ姿の人を見ているだけでまわりが暑苦しくなります。でも、クールビズは涼しげで爽《さわ》やかです。見ている人に涼《りょう》を提供します。

クールビズの醍醐味《だいごみ》は、本人が涼しい以上に、相手に涼しさをプレゼントすることだからです。

こんなふうに「相手ありき」で物事を考えられるようになれば、人は幸せになれます。

スーツを着るか、クールビズにするか、私たちには選ぶ権利があります。「自己決定」することが幸福感に強い影響を与えていることは、これまでの研究からも明らかです。

以前、私のクリニックを訪れた82歳の女性に、この先10年後、自分が生きているかどうかわからないし、これからなんのために生きていったらいいのかもわからない、といわれました。そのとき私はお伝えしました。

「死ぬとき、キレイな顔をしていたほうがいいですよね。いちばんキレイな顔で、棺桶に入ったら、すごく幸せじゃないですか？」

それ以来、彼女は生き生きとクリニックに定期的に通って肌のケアをしています。

日々、どんな小さなことでも、「自分のことは自分で決める」を信条に生きてください。

それが後悔のない人生です。

そして、幸福になります。

自分のことは自分で決めるのが、キレイで幸せな顔で生きるいちばんの近道です。

2023年11月

今泉明子

【著者紹介】聖マリアンナ医科大学卒業後、日本赤十字医療センターで皮膚科勤務。2003年、渡米し最先端美容医療を学ぶ。ワイル・コーネル医科大学で「ペプチド」の皮膚修復・再生研究。帰国後、東京ミッドタウン皮膚科形成外科クリニック院長を経て、2018年に六本木に今泉スキンクリニックを開院。年間8000症例以上の診療と共に、コスメ開発や国内外の学会·講演に登壇。世界中の医師に注入技術指導とともに、「ヒアルロン酸注射」「ボトックス注射」治療の啓蒙にも尽力。

美容《びよう》は貯《たくわ》えられる

2024年3月3日　初版第1刷発行

著　者——今泉明子

発行者——工藤裕樹

発行所——株式会社工《たくみ》パブリック

〒174-0063　東京都板橋区前野町4丁目40番18号
TEL 03-5918-7940　FAX 03-5918-7941

ブックデザイン・DTP・図版作成・・・株式会社工《たくみ》企画（江畠健一）

イラスト・・・小野寺美恵

編集協力・・・脇谷美佳子

印刷製本・・・株式会社 リーブルテック

ISBN 978-4-9911581-8-6